LA SORCIÈRE ET LE CHAUDRON MAGIQUE

Chantal Bollet

LA SORCIÈRE ET LE CHAUDRON MAGIQUE

Recueil de 30 contes merveilleux pour enfants
(et grands)

En vertu du code de la propriété intellectuelle, toute copie ou reproduction de cet ouvrage à des fins collectives est strictement interdite. Toute représentation ou reproduction, intégrale ou partielle, par n'importe quel moyen, sans le consentement de l'auteur ou des ayants droit, est une contrefaçon sanctionnée par les articles L.335 et expose les contrevenants à des sanctions légales.

Droits réservés. Copyright
© Chantal Bollet, 2023

SOMMAIRE

À PROPOS DE L'AUTEURE 1
INTRODUCTION 3

10 CONTES MERVEILLEUX POUR LES ENFANTS 5
DE 3 À 6 ANS

Le dragon partageur : Le partage 7
La fée des sourires : La gentillesse 11
Lulu et l'ombre mystérieuse : Le courage face à la peur 14
Le voyage de Mimi la curieuse : La curiosité 17
La chouette Patienta : La patience 20
Le singe sincère : L'honnêteté 23
Lily et le jardin enchanté : Le respect de la nature 26
Le petit nuage unique : L'acceptation de soi 29
La grande aventure familiale : L'amour familial 32
Les deux petits papillons : L'amitié 35

10 CONTES MERVEILLEUX POUR LES ENFANTS 39
DE 6 À 9 ANS

La montagne insurmontable : La persévérance 41
Le trésor perdu de Timéo : La responsabilité 44
Les chaussures magiques d'Élisa : L'empathie 47
Le village des couleurs : La coopération 50
Le miroir enchanté de Léa : L'estime de soi 53
Le puzzle impossible : La gestion de la frustration 56

Le voyage inattendu de Noah : L'adaptabilité 59
La boîte mystérieuse de Jade : La gratitude 62
Le navire sans ancre : Le lâcher-prise 66
La bibliothèque secrète d'Éthan : La curiosité intellectuelle ... 69

**10 CONTES MERVEILLEUX POUR LES ENFANTS 73
DE 9 À 12 ANS**

Le labyrinthe des échos : La réflexion et l'introspection 75
Le royaume sous la mer : La préservation de l'environnement 79
L'éclipse du cœur : La compréhension et le pardon 83
Le guerrier de l'ombre : Le courage moral et l'intégrité 86
La plume d'or d'Amara : Le pouvoir de l'expression 89
Le gardien des horloges : La gestion du temps et des priorités 92
L'arbre aux mille voix : L'écoute active et la communication ... 95
Le marché des rêves perdus : La persévérance et la résilience . 99
Le carnet secret de Camille : La confiance en soi et l'affirmation 102
Les étoiles filantes d'Iris : L'espoir et l'optimisme 105

À PROPOS DE L'AUTEURE

Chantal Bollet est née en 1973, dans une ville pittoresque de Bourgogne, berceau d'histoires et de légendes. Petite, elle était fascinée par les récits que lui contaient ses grands-parents. Elle se passionna très tôt pour la nature, les voyages imaginaires et la magie des mots.

Après des études littéraires, Chantal a choisi de devenir enseignante, souhaitant partager son amour pour les lettres et la poésie avec les plus jeunes. Cependant, une voix intérieure la poussait sans cesse vers la création. Elle commença ainsi à griffonner des contes, des poèmes et des nouvelles, la plupart inspirées de ses propres rêveries et de ses balades en forêt.

"La sorcière et le chaudron magique" est son deuxième recueil de contes. Dans cet ouvrage, Chantal mêle sa passion pour la magie à sa curiosité pour les mystères du cœur humain, tissant des histoires à la fois envoûtantes et touchantes. Les quelques personnes qui ont eu le privilège d'en lire des extraits en sont déjà ensorcelées.

Chantal vit actuellement en Bourgogne, accompagnée de sa famille, de ses deux chats et d'un jardin qu'elle chérit. Lorsqu'elle n'écrit pas, elle enseigne, rêve, et continue d'explorer les forêts qui ont bercé son enfance, toujours à la recherche de nouvelles histoires à raconter.

INTRODUCTION

Bienvenue, cher lecteur, dans l'univers envoûtant de "La sorcière et le chaudron magique". Ce recueil, précieusement concocté par Chantal Bollet, est une invitation à plonger dans la magie des contes. Ces histoires ne sont pas de simples récits, mais des clés, des enseignements, des rappels, et surtout, des moments de partage entre petits et grands.

Ce livre se divise en trois parties, tel un chaudron bouillonnant débordant de merveilles. Dans la première partie, vous découvrirez dix contes doux et rêveurs pour les enfants de 3 à 6 ans. La deuxième partie, dédiée aux enfants de 6 à 9 ans, vous offrira des histoires plus complexes, mêlant aventure et réflexion. Enfin, la troisième partie s'adresse aux enfants de 9 à 12 ans avec des contes profonds et captivants qui abordent des thèmes adaptés à leur âge, les guidant ainsi à travers les mystères de la vie.

Chaque conte a été pensé pour sensibiliser les enfants dès leur plus jeune âge à des valeurs et des leçons essentielles, les aidant à grandir en confiance, sérénité et harmonie. Et, chers parents, ces contes sont aussi pour vous un doux rappel des merveilles et des défis de l'enfance.

Imaginez une gentille sorcière, au bord d'un chaudron magique, chaque conte s'échappant comme une volute de fumée, enveloppant son auditoire. Voilà l'essence même de ce recueil. Chaque histoire est un enchantement, une potion concoctée avec amour, destinée à éveiller les esprits, à illuminer les cœurs.

Alors, rassemblez-vous, petits et grands, autour du chaudron magique de notre sorcière bienveillante. Laissez-vous emporter par ces histoires, et que leur magie vous accompagne au fil des jours et des nuits.

10 CONTES MERVEILLEUX POUR LES ENFANTS DE 3 À 6 ANS

Le dragon partageur

Valeur : Le partage

Il était une fois, dans une vallée lointaine et ensoleillée, un énorme dragon nommé Drako. Drako n'était pas un dragon ordinaire ; il avait une particularité : il adorait collectionner des trésors. Des pièces d'or brillantes, des joyaux scintillants, des jouets colorés... Drako avait tout. C'était le dragon le plus riche de toute la vallée.

Mais ce qui était encore plus extraordinaire, c'était le fait que Drako ne gardait pas tous ces trésors pour lui seul. Il adorait partager. Oui, Drako était un dragon partageur.

Un jour, alors que Drako se reposait près de son antre rempli de trésors, deux enfants, Léo et Emma, approchaient timidement.

"Excusez-nous, Monsieur Drako," dit doucement Léo, "nous avons entendu dire que vous aviez gardé beaucoup de jouets. Nous n'en avons pas beaucoup et nous nous demandions si... peut-être..."

Drako ouvre un œil, curieux. "Oui ?" rugit-il doucement.

Emma prit son courage à deux mains et dit : "Nous nous demandions si vous accepteriez de partager quelques-uns de vos jouets avec nous ?"

Drako sourit, dévoilant ses grandes dents brillantes. "Bien sûr ! J'aime partager ! Mais à une condition..."

Les enfants se regardèrent, anxieux. "Laquelle ?" demanda Léo.

"Vous devez me promettre de partager ces jouets avec d'autres enfants lorsque vous aurez fini d'y jouer. Le partage rend heureux, vous savez", dit Drako avec un clin d'œil.

Léo et Emma hochèrent la tête avec enthousiasme. "Nous promettons !" dirent-ils en chœur.

Et ainsi, Drako plongea dans son antre et en ressortit avec une pile de jouets. Il y avait des poupées, des camions, des blocs de construction et même un cerf-volant.

"Voilà pour vous", dit Drako en posant la pile devant les enfants émerveillés. "J'espère que vous en prendrez soin et que vous vous amuserez bien."

Les jours suivants, Léo et Emma jouèrent joyeusement avec leurs nouveaux jouets. Mais ils n'oublièrent pas la promesse qu'ils avaient faite à Drako. Lorsqu'ils rencontraient des enfants qui n'avaient pas de jouets, ils leur en prêtaient volontiers quelques-uns. Et, à leur grande surprise, ils découvrirent que partager leur apportait encore plus de joie que de jouer tout seuls.

Les actes de générosités de Drako et des deux enfants se propagèrent dans toute la vallée. Bientôt, d'autres enfants vinrent voir Drako pour lui demander des jouets. Et à chaque fois, Drako posait la même condition : ils devaient promettre de partager.

Avec le temps, la vallée est devenue l'endroit le plus heureux où vivre. Les enfants jouaient ensemble, partageaient leurs jouets, et tout le monde était content.

Un jour, alors que Drako se reposait, Léo et Emma vinrent le voir avec un grand panier rempli de fruits frais et juteux.

"Pour vous, Monsieur Drako," dit Emma avec un grand sourire. "Nous avons souhaité partager quelque chose avec vous pour vous remercier de tout ce que vous avez fait pour nous."

Drako fut touché. "Merci, mes petits", dit-il en prenant un gros fruit dans sa griffe et en le croquant. "C'est délicieux ! Mais vous savez, le plus beau trésor que j'ai jamais eu, c'est de voir tout le monde heureux et de partager. Le bonheur se multiplie quand on le partage."

Et c'était vrai. Grâce à Drako, le dragon partageur, toute la vallée avait appris la valeur du partage et du bonheur qu'il apporte.

Et ils ont vécurent tous heureux, partageant pour toujours.

 Ce que cette histoire nous apprend

As-tu aimé l'histoire de Drako, le dragon partageur ? Cette histoire nous raconte une leçon très précieuse : le bonheur qu'apporte le partage.

Drako avait beaucoup de trésors, n'est-ce pas ? Mais ce qui le rendait vraiment heureux, ce n'était pas d'avoir tous ces beaux objets, mais de les partager avec ceux qui en avaient moins. En partageant, il a rendu beaucoup d'enfants joyeux. Tu te souviens de Léo et Emma ? Ils ont aussi appris à partager et à rendre d'autres enfants heureux. C'est comme quand tu prêtes ton jouet préféré à un ami : cela vous rend tous les deux heureux, et votre amitié devient encore plus forte !

Et tu sais quoi ? L'histoire nous montre aussi que lorsque nous partageons, cette gentillesse revient vers nous. Léo et Emma ont offert de délicieux fruits à Drako pour le remercier. C'est une belle façon de montrer que lorsque nous donnons, nous recevons aussi.

Alors, la prochaine fois que tu as quelque chose qui te plaît, pense à Drako et partage-le avec quelqu'un. Tu verras, le bonheur se multiplie quand on le partage !

3 questions pour toi

- ♥ Qu'as-tu ressenti lorsque Drako a décidé de partager ses jouets avec Léo et Emma ? Comment te sentirais-tu si quelqu'un partageait quelque chose avec toi ?

- ♥ Peux-tu te souvenir d'un moment où tu as partagé quelque chose avec quelqu'un ? Comment cela t'a-t-il fait te sentir ?

- ♥ Si tu étais Drako et que tu avais beaucoup de trésors, avec qui et comment aimerais-tu les partager ? Et pourquoi ?

La fée des sourires

Valeur : La gentillesse

Il était une fois, dans un village caché derrière une montagne enchantée, une petite fée nommée Lila. Lila était différente des autres fées. Au lieu d'avoir des pouvoirs magiques comme faire pleuvoir des étoiles ou changer les couleurs des fleurs, Lila avait un don unique : chaque fois qu'elle souriait, ceux qui la regardaient se mettaient à sourire aussi, remplis de bonheur.

Le village était souvent traversé par des voyageurs fatigués ou tristes. Mais une fois qu'ils rencontraient Lila, ils partageaient un grand sourire sur leur visage. On l'appelait donc "La fée des sourires".

Un matin, une petite fille nommée Clara arrive au village. Elle était triste car elle avait perdu son jouet préféré pendant son voyage. Voyant sa mine déconfite, Lila s'approche d'elle.

"Pourquoi es-tu si triste, petite ?" demande doucement Lila.

Clara baissa la tête. "J'ai perdu mon doudou... et sans lui, je ne peux pas dormir."

Lila se pencha et offrit son plus beau sourire à Clara. Immédiatement, les yeux de Clara brillèrent d'une étincelle de joie. "Ton sourire est si beau ! Il me fait oublier ma tristesse."

"Heureuse de t'apporter un peu de bonheur", répondit Lila. "Mais je suis sûr que si nous cherchons ensemble, nous retrouverons ton doudou."

Avec l'aide de Lila, Clara parcourut le village, demandant à chacun s'ils avaient vu son doudou. Et chaque fois que quelqu'un se sentait triste de ne pas pouvoir aider, Lila leur offrait son sourire, et ils se sentaient tout de suite mieux.

Finalement, après avoir cherché partout, elles trouvèrent le doudou de Clara, coincé entre deux pierres près de la fontaine du village. Clara, des larmes de joie aux yeux, prend son doudou dans ses bras.

"Merci, Lila ! Grâce à toi, non seulement j'ai retrouvé mon doudou, mais j'ai aussi appris la valeur d'un simple sourire. Il peut vraiment changer la journée de quelqu'un", dit Clara, souriant à Lila.

Lila hocha la tête. "La gentillesse ne coûte rien, mais elle peut offrir tellement. Un sourire, un mot gentil, un petit geste, peuvent apporter du bonheur autour de nous."

Clara acquiesça. "Je promets de sourire plus souvent et de partager la gentillesse, comme toi."

Les deux amies se prirent dans les bras, riant et partageant leur bonheur. Dès lors, Clara, grâce à Lila, est devenue l'enfant la plus souriante du village, rappelant à chacun combien un simple sourire peut égayer une journée.

Le village est devenu ainsi l'endroit le plus heureux de toute la région. Les voyageurs venaient de loin pour voir la célèbre "fée des sourires", mais ils repartaient en ayant appris quelque chose de bien plus précieux : la puissance de la gentillesse et du bonheur partagé.

Et à chaque coin de rue, on pouvait voir des enfants et des adultes sourire, rire et partager des moments heureux, grâce à la leçon précieuse qu'avait apportée Lila.

Ce que cette histoire nous apprend

Cette histoire nous montre à quel point un simple sourire peut rendre le monde plus beau.

Lila n'avait pas de pouvoirs magiques comme les autres fées, mais son sourire était plus puissant que n'importe quelle magie. Grâce à lui, elle pouvait rendre les gens heureux, même quand ils étaient tristes. C'est incroyable, n'est-ce pas ? Cela nous montre que la gentillesse, comme un sourire ou un mot doux, est une sorte de magie que chacun de nous possède.

Clara, la petite fille, a appris que même dans les moments difficiles, un sourire peut éclairer notre journée. Et tu sais quoi ? Toi aussi, tu as ce pouvoir ! Chaque fois que tu souris à quelqu'un, tu partages un peu de bonheur. Et qui sait ? Ton sourire pourrait rendre la journée de quelqu'un vraiment spéciale.

Alors, n'oublie jamais : même si tu n'es pas une fée ou un magicien, tu as le pouvoir de rendre le monde plus heureux, simplement en étant gentil et en souriant. Essaie, et tu verras !

 ## 3 questions pour toi

- ♥ Comment te sens-tu quand quelqu'un te sourit ou est gentil avec toi ? Et comment te sens-tu lorsque c'est toi qui souris à quelqu'un ?

- ♥ Peux-tu te souvenir d'un moment où un simple sourire ou un geste gentil a changé ta journée ?

- ♥ Si tu avais une magie comme celle de la fée Lila, à qui voudrais-tu donner ton sourire en premier ? Pourquoi ?

Lulu et l'ombre mystérieuse

Valeur : Le courage face à la peur

*I*l était une fois, dans un petit village niché au pied d'une grande forêt, un garçon nommé Lulu. Lulu avait toujours été un enfant curieux, explorant chaque recoin du village et jouant de l'aube au crépuscule. Mais il y avait une chose qui le terrifiait : chaque soir, lorsque le soleil se couchait, une grande ombre mystérieuse apparaissait sur le mur de sa chambre.

"Ne t'inquiète pas, Lulu, c'est juste une ombre", disait sa maman en le bordant. Mais pour Lulu, cette ombre était plus qu'une simple tâche sombre.

Une nuit, alors que Lulu regardait l'ombre grandir et danser sur son mur, il prit une grande inspiration et dit : "Qui es-tu ? Pourquoi viens-tu dans ma chambre chaque soir ?"

À sa grande surprise, l'ombre a répondu : "Je suis l'Ombre Merveilleuse de la Forêt. Je viens chaque soir voir le monde à travers ta fenêtre. Mais je ne te veux aucun mal."

Lulu, rassemblant tout son courage, demanda : "Pourquoi es-tu si grande et effrayante ?"

L'ombre sourit doucement. "Je semble grande et effrayante parce que c'est ainsi que les choses apparaissent dans l'obscurité. Mais en réalité, je suis douce et amicale."

Curieux, Lulu demanda : "Peux-tu me montrer ?"

Avec un mouvement gracieux, l'ombre prend la main de Lulu et l'emmena dans une aventure à travers la forêt. Ils virevoltèrent parmi les arbres, glissèrent sur les ruisseaux et dansèrent avec les lucioles. Lulu réalisa que la forêt, qui semblait si effrayante la nuit, était en réalité un endroit merveilleux et magique.

À la fin de leur aventure, alors que le soleil commençait à se lever, l'ombre dit à Lulu : "Tu vois, même les choses qui semblent effrayantes au début peuvent être merveilleuses une fois que tu apprends à les connaître."

Lulu sourit, remerciant l'ombre. "Je n'aurai plus jamais peur de toi ou de l'obscurité."

Lorsque Lulu revient chez lui, il se glissa dans son lit avec un sourire, sachant qu'il n'avait plus rien à craindre. Chaque soir, il attendait avec impatience que son amie, l'ombre mystérieuse, vienne lui rendre visite.

Les jours passèrent, et Lulu raconta à tous les enfants du village son incroyable aventure avec l'ombre. Bientôt, tous les enfants attendaient avec impatience la tombée de la nuit, désireux de se lier d'amitié avec leurs propres ombres.

Le village était transformé. Les enfants, autrefois terrifiés par l'obscurité, couraient maintenant avec joie sous la lueur de la lune, sachant que chaque ombre cachait une merveilleuse aventure.

Et ainsi, grâce au courage de Lulu, le village comprit que même dans les moments les plus sombres, il y a toujours une lumière qui attend d'être découverte.

Ce que cette histoire nous apprend

As-tu aimé l'aventure de Lulu avec l'ombre ? Cette histoire nous raconte une leçon vraiment spéciale.

Lulu avait peur de l'ombre qui apparaissait chaque soir dans sa chambre. Mais au lieu de se cacher sous ses couvertures, il a décidé de lui parler. Et devine quoi ? Il a découvert que l'ombre était en réalité douce et aimable ! Cela nous montre que parfois, les choses qui nous font peur ne sont pas vraiment effrayantes une fois que l'on prend le temps de les connaître.

Tout comme Lulu, toi aussi tu peux avoir le courage de faire face à tes peurs. Et qui sait, peut-être que ce que tu pensais être effrayant pourrait devenir ton nouvel ami ou une nouvelle aventure à explorer !

Alors, la prochaine fois que quelque chose te fait peur, pense à Lulu et rappelle-toi que le courage peut transformer la peur en merveille. Parce qu'au fond, chaque ombre cache une lumière qui attend d'être trouvée.

 3 questions pour toi

- ♥ As-tu déjà eu peur de quelque chose, puis découvert plus tard que ce n'était pas si effrayant ? Raconte-moi cette aventure !

- ♥ Si tu rencontrais une ombre comme celle de Lulu, que lui dirais-tu ou que voudrais-tu faire avec elle ?

- ♥ Peux-tu imaginer une chose qui te fait un peu peur et penser à une façon de lui parler ou de mieux la connaître, comme Lulu l'a fait avec son ombre ?

Le voyage de Mimi la curieuse

Valeur : La curiosité

Il était une fois, dans un petit village niché entre deux collines, une souris nommée Mimi. Mimi n'était pas une souris ordinaire. Elle était toujours pleine de questions ! "Pourquoi le ciel est-il bleu ?", "Pourquoi le fromage a-t-il des trous ?", "Où va le soleil quand il se couche ?". Sa curiosité ne connaît pas de limites.

Chaque soir, après que sa maman lui ait raconté une histoire, Mimi regardait par la fenêtre, vers les étoiles scintillantes, se demandant ce qui se cachait au-delà des collines. Elle rêvait d'explorer le monde et de trouver des réponses à toutes ses questions.

Un matin, n'y tenant plus, Mimi décide de partir en voyage. Avec un petit sac contenant quelques morceaux de fromage et une carte dessinée à la patte, elle prend la direction de l'inconnu.

Sa première escale fut la forêt. Là, elle rencontra un sage hibou nommé Hector. "Hector, sais-tu pourquoi le ciel est bleu ?" demanda Mimi. Hector, avec un sourire, répondit : "C'est à cause de la façon dont l'atmosphère disperse la lumière du soleil, petite souris."

Impressionnée et ravie d'avoir une réponse, Mimi poursuivit sa route et arriva près d'une rivière. Elle y rencontra une grenouille sautillante, Fredo, et lui demanda : "Fredo, sais-tu pourquoi le fromage à des trous ?" Fredo rit et dit : "Les trous sont formés par des bulles de gaz lors de la fabrication du fromage. Les bactéries mangent les ingrédients du fromage et libèrent des bulles de gaz qui forment ces trous."

En poursuivant son voyage, Mimi grimpa sur une colline d'où elle pouvait voir le coucher du soleil. Elle se demanda où le soleil allait après s'être couché. À ce moment-là, un vieux renard, Rafaël, s'approcha d'elle. "Rafaël, sais-tu où va le soleil quand il se couche ?" Rafaël, avec un clin d'œil, lui répondit : "Le soleil ne va nulle part. Il semble se coucher pour nous parce que notre Terre tourne. Pour d'autres, il se lève à ce moment-là !"

Après avoir appris tant de choses nouvelles, Mimi réalisa qu'elle était loin de chez elle et que la nuit allait bientôt tomber. Mais elle n'avait pas peur. Sa curiosité l'avait conduit vers de nouvelles amitiés et des connaissances précieuses. Elle se blottit contre Rafaël, qui lui raconta des histoires sur les étoiles, puis elle s'endormit, rêvant de ses prochaines aventures.

Le lendemain, avec l'aide de ses nouveaux amis, Mimi rentra chez elle, la tête pleine de souvenirs et le cœur rempli de gratitude pour le merveilleux voyage qu'elle venait de vivre. Elle comprit que sa curiosité était un cadeau, lui permettant de découvrir le monde et d'apprendre chaque jour.

Et, chaque fois qu'elle regardait les étoiles, elle se souvenait que chaque point lumineux était une question en attente d'une réponse, et que le monde était plein de merveilles à découvrir.

Et c'est ainsi que Mimi, la petite souris curieuse, est devenue la plus grande exploratrice de son village, racontant ses histoires à tous ceux qui voulaient écouter, et inspirant d'autres à suivre leurs curiosités.

Ce que cette histoire nous apprend

Cette histoire nous montre combien il est merveilleux de vouloir en savoir plus sur le monde qui nous entoure. C'est ce qu'on appelle la curiosité. C'est grâce à elle que Mimi a découvert tant de choses passionnantes et rencontré d'incroyables amis.

Le voyage de Mimi nous enseigne que ce n'est pas grave de ne pas avoir toutes les réponses tout de suite. Ce qui compte, c'est d'avoir le courage de chercher, d'explorer et de poser des questions. Parfois, nous apprenons des choses en lisant un livre, et d'autres fois en parlant à des personnes qui en savent plus que nous. Chaque réponse est comme un trésor qu'on découvre au cours d'une grande aventure.

Et devine quoi ? Tout comme Mimi, toi aussi tu peux être un explorateur curieux ! Chaque jour est une nouvelle occasion de découvrir, d'apprendre et de grandir. Alors n'hésite pas à poser des questions, à explorer et à rêver. Le monde est rempli de merveilles, et tout commence avec un peu de curiosité !

 3 questions pour toi

♥ As-tu déjà ressenti une grande curiosité comme Mimi, voulant en savoir plus sur quelque chose ? Qu'était-ce ?

♥ Si tu pouvais partir en voyage comme Mimi pour découvrir quelque chose de nouveau, où irais-tu et pourquoi ?

♥ Peux-tu me raconter une fois où tu as posé une question et appris quelque chose de vraiment intéressant ?

La chouette Patienta

Valeur : La patience

Il y a bien longtemps, au cœur d'une forêt lumineuse, vivait une petite chouette du nom de Patienta. Elle portait ce nom car, depuis sa naissance, tout le monde remarquait à quel point elle savait attendre. Là où les autres oiseaux s'agitaient, Patienta, elle, restait calme, les yeux brillants d'espoir.

Dans cette forêt, une légende racontait que, chaque cent ans, l'arbre le plus ancien, nommé Sagesse, offrirait un fruit d'or à celui qui savait l'attendre. Ce fruit, disait-on, réalisait le vœu le plus cher de celui qui le dégustait. Beaucoup d'animaux avaient essayé, mais tous avaient fini par abandonner, incapables d'attendre le moment précis.

Un jour, Patienta décida d'essayer à son tour. Elle s'installa sur une branche de Sagesse, prête à attendre le précieux fruit.

Les jours passaient, les saisons changeaient, et Patienta restait perchée. Les autres animaux se moquaient gentiment d'elle : "Pourquoi perds-tu ton temps, Patienta ?", demandaient les écureuils, toujours pressés. "Le soleil brille, viens jouer avec nous ailleurs !" chantaient les pinsons.

Mais Patienta, avec un sourire doux, leur répondait toujours : "Chaque chose vient à point à qui sait attendre."

Un soir, alors que le ciel était étoilé, une petite souris nommée Mimi la curieuse, grimpa sur la branche à côté de Patienta. "Pourquoi attends-tu ici, seule, alors que tout le monde s'amuse, mange, et vit ?", demanda-t-elle.

Patienta tourna son doux regard vers Mimi la curieuse. "Je crois en la légende de l'arbre Sagesse. Et même si je dois attendre longtemps, je sais que le fruit d'or apparaîtra."

La petite souris, touchée par la détermination de Patienta, décide de l'accompagner dans son attente. Les deux nouvelles amies partageaient des histoires, chantaient des chansons et observaient les merveilles de la forêt. Grâce à Patienta, Mimi la curieuse apprécia la beauté de la patience.

Un matin, alors que le soleil peignait le ciel de couleurs pastel, un miracle se produisit. L'arbre Sagesse, frémissant de joie, laissa tomber un fruit scintillant d'or pur. Patienta, les yeux brillants d'émerveillement, le pris délicatement.

"Mon vœu le plus cher", murmura-t-elle, "c'est que chaque créature de cette forêt apprenne la valeur de la patience, tout comme je l'ai fait."

À l'instant où elle croqua le fruit, un éclat lumineux illumina la forêt. Chaque animal ressenti une douce chaleur dans son cœur et comprit le message de Patienta.

Dès lors, la forêt est devenue un lieu de paix et de sérénité, où chaque créature prenait le temps de vivre, d'aimer et de partager. Et au centre de tout cela se trouvait Patienta, la chouette sage, rappelant à tous que la patience est une vertu qui porte toujours ses fruits.

 Ce que cette histoire nous apprend

L'histoire de la chouette Patienta nous apprend une leçon vraiment spéciale. Tu sais, parfois, il peut être difficile d'attendre, que ce soit pour ton anniversaire, pour un cadeau ou pour voir pousser une plante que tu as semée. Mais cette histoire nous montre à quel point il est important d'être patient.

Patienta attendait un fruit très spécial, et même si cela a pris du temps, elle a finalement reçu ce qu'elle attendait. Elle nous montre que si nous attendons patiemment, de belles choses peuvent arriver. La patience c'est comme une petite graine : si on la nourrit et qu'on lui donne du temps, elle deviendra une grande et belle plante.

Et tu sais quoi ? La patience rend aussi tout plus spécial. Car quand on attend quelque chose longtemps, on l'apprécie encore plus quand ça arrive. Comme Patienta et son fruit d'or !

Alors, la prochaine fois que tu devras attendre quelque chose, pense à notre amie la chouette et rappelle-toi que de bonnes choses viennent à ceux qui savent attendre.

 3 questions pour toi

- ♥ As-tu déjà dû attendre longtemps quelque chose que tu voulais vraiment, comme Patienta et son fruit d'or ? Comment t'es-tu senti pendant que tu attendais ?

- ♥ Peux-tu penser à un moment où tu as été patient et que cela a valu la peine d'attendre ? Qu'est-ce qui s'est passé ?

- ♥ Si tu avais une baguette magique pour aider quelqu'un à être patient, que ferais-tu pour lui montrer à quel point la patience peut être spéciale ?

Le singe sincère

Valeur : L'honnêteté

Il y a bien longtemps, dans une forêt aux arbres gigantesques, vivait Simon, le singe sincère. Il était réputé pour toujours dire la vérité, quelle que soit la situation. Il vivait avec une grande bande de chanteurs, qui s'amusaient souvent à jouer des tours et à faire des blagues.

Un jour, alors que tout le groupe gambadait, Lila, une petite singette malicieuse, trouva une noix d'or étincelante. Cette noix avait le pouvoir d'exaucer un seul vœu à celui qui la brisait. Lila décida de cacher la noix et de voir si quelqu'un la trouverait et ce qu'il en ferait. Elle voulait tester l'honnêteté de ses amis.

Simon découvra la noix d'or alors qu'il cherchait des fruits pour le déjeuner. "Oh ! Une noix d'or !" s'exclama-t-il, surpris par sa brillance. Il savait que la noix d'or était très précieuse et qu'elle avait le pouvoir d'exaucer un vœu.

Au lieu de la garder pour lui, Simon grimpa sur une branche haute et s'écria : "Hé, les amis ! J'ai trouvé une noix d'or ! À qui appartient-elle ?"

Lila s'approcha, un sourire malicieux sur les lèvres. "Ah, Simon ! Je savais que je pouvais compter sur toi pour être honnête ! La noix est à moi. Je voulais juste voir qui serait sincère s'il la trouvait."

Simon haoussa les épaules. "L'honnêteté est toujours la meilleure voie à suivre", dit-il.

Lila sourit. "En remerciement de ton honnêteté, je souhaite que nous partagions la noix. Tu peux exaucer un vœu et moi aussi."

Simon réfléchit un instant. "Je souhaite que toute notre bande de singes s'entende toujours bien, sans disputes ni querelles."

Lila acquiesça et ajouta : "Et je souhaite que cette forêt soit toujours un endroit sûr et heureux pour tous les animaux qui y vivent."

Les deux singes brisèrent la noix, et une lumière dorée enveloppa la forêt. Quand la lumière s'estompa, la forêt était encore plus belle qu'avant, et tous les animaux se sentaient heureux et en sécurité.

Grâce à l'honnêteté de Simon, toute la bande de singes vécut dans l'harmonie, le respect et la sincérité. Les animaux de la forêt racontaient souvent l'histoire du singe sincère et de la noix d'or, rappelant à tous l'importance d'être honnête et sincère.

 ## Ce que cette histoire nous apprend

As-tu écouté l'aventure de Simon, le singe sincère ? C'était une aventure palpitante, n'est-ce pas ? Allons voir ce que cette histoire nous raconte.

Tu sais, dans cette histoire, Simon a trouvé une noix d'or très spéciale, mais au lieu de la garder pour lui, il a demandé à qui elle appartenait. C'est ce qu'on appelle être honnête. Être honnête, c'est dire la vérité, même quand personne ne regarde, et même si parfois, c'est un peu difficile.

Grâce à son honnêteté, Simon et tous ses amis ont pu profiter des vœux magiques de la noix ! C'est incroyable, n'est-ce pas ? Cela montre que lorsque nous faisons de bonnes actions, comme être sincères et dire la vérité, de belles choses peuvent arriver. Et tu sais quoi ? Dans la vraie vie, être honnête rend notre cœur heureux et les gens autour de nous aussi.

Alors, la prochaine fois que tu te retrouves dans une situation où tu dois choisir entre dire la vérité ou mentir, souviens-toi de Simon et de la noix d'or. Tu verras, être honnête, c'est être un super héros du quotidien !

 3 questions pour toi

- ♥ Qu'aurais-tu fait si tu avais trouvé une noix d'or brillante comme Simon ?

- ♥ Comment Simon s'est-il senti après avoir rendu la noix d'or à ses véritables propriétaires ?

- ♥ Peux-tu me raconter un moment où tu as été vraiment honnête, comme Simon, même si c'était un peu difficile ?

Lily et le jardin enchanté

Valeur : Le respect de la nature

Il était une fois, dans un village paisible, une petite fille nommée Lily. Elle adorait jouer dans les champs, courir après les papillons et cueillir des fleurs. Mais ce qu'elle préférait par-dessus tout, c'était le grand jardin derrière sa maison. On disait que ce jardin avait des pouvoirs magiques.

Un jour, alors qu'elle jouait près du vieux chêne, Lily découvrit une petite porte cachée derrière ses racines. Poussée par la curiosité, elle décida d'entrer. À sa grande surprise, le jardin derrière cette porte était différent : tout était plus vif, plus coloré, et semblait danser et chanter. Elle venait de pénétrer dans le jardin enchanté.

Dans ce jardin, les fleurs lui parlaient, les arbres lui faisaient la révérence, et les animaux la saluaient. Tout était en harmonie. C'était le cœur de la nature. Une petite libellule, brillante comme une étoile, s'approcha d'elle : "Bienvenue Lily ! Rappelle-toi, ce jardin est spécial. Il faut le traiter avec amour et respect."

Émerveillée, Lily courait d'un endroit à l'autre, écoutant les histoires des fleurs, grimpant sur les arbres qui lui racontaient des secrets. Mais à un moment, prise dans son enthousiasme, elle commença à cueillir des fleurs pour en faire un bouquet et à marcher sans faire attention où elle posait ses pieds, écrasant des plantes fragiles.

La libellule revient vers elle, l'air triste. "Lily, ce jardin t'a ouvert ses portes, mais tu dois le respecter. Chaque fleur, chaque brin d'herbe à une vie et une histoire."

Honteuse, Lily s'excusa et promit de faire plus d'attention. Elle replanta doucement les fleurs qu'elle avait cueillies et s'assit pour méditer sur ce qu'elle avait fait. Elle comprit alors l'importance de chaque petite vie autour d'elle.

Les jours suivants, elle vint tous les jours dans le jardin enchanté, mais cette fois, pour en prendre soin. Elle parlait aux plantes, les arrosait et les choyait. Avec le temps, elle est devenue la gardienne du jardin enchanté.

Les années passèrent, et le jour vint où Lily dut quitter le village pour suivre ses études. Mais le jardin enchanté restait dans son cœur. Elle revint des années plus tard, avec ses propres enfants, et leur montra la petite porte derrière le vieux chêne.

Le jardin était toujours aussi magnifique, et les fleurs, les arbres et les animaux accueillirent Lily comme une vieille amie. Les enfants écoutèrent, les yeux écarquillés, alors que leur mère leur parlait de l'importance du respect de la nature.

Et chaque fois que les villageois passaient près du vieux chêne, ils se souvenaient de l'histoire de Lily et du jardin enchanté, et ils enseignaient à leurs enfants à chérir et respecter chaque parcelle de notre belle Terre.

Ce que cette histoire nous apprend

As-tu entendu l'histoire de Lily et le jardin enchanté ? C'est une histoire vraiment spéciale qui nous parle du respect de la nature.

Tu sais, chaque fleur, chaque arbre, et même chaque petite fourmi à sa propre histoire et sa place dans le monde. Dans l'histoire, lorsque Lily entre dans le jardin enchanté, elle est tellement excitée qu'elle oublie de faire attention là où elle marche et ce qu'elle fait. C'est un peu comme quand nous sommes tellement heureux de jouer que nous oublions de ranger nos jouets ou de prendre soin de nos affaires.

Mais Lily apprend une leçon précieuse : il est important de traiter chaque chose de la nature avec amour et respect. Tout comme nous devons être doux avec nos jouets et nos amis, nous devons aussi être gentils avec les fleurs, les arbres et les animaux.

Alors, la prochaine fois que tu seras dehors, jouant dans le jardin ou dans un parc, souviens-toi de l'histoire de Lily. Prend un moment pour écouter le chant des oiseaux, sentir l'odeur des fleurs, et peut-être même faire une petite caresse à un arbre. La nature est un cadeau précieux, et c'est à nous de la chérir.

Garde toujours cela à l'esprit et continue d'explorer le monde merveilleux qui t'entoure !

 3 questions pour toi

- ♥ Qu'as-tu ressenti lorsque Lily a découvert le jardin enchanté pour la première fois ? Cela te rappelle-t-il un endroit spécial que tu aimes dans la nature ?

- ♥ Te souviens-tu d'un moment où tu as pris soin d'une plante, d'un animal ou de quelque chose dans la nature ? Comment cela t'a-t-il fait te sentir ?

- ♥ Si tu avais un jardin enchanté comme celui de Lily, que ferais-tu pour t'assurer que chaque fleur, arbre et petit animal s'y sente aimé et respecté ?

Le petit nuage unique

Valeur : L'acceptation de soi

Il était une fois, dans un ciel lointain, un petit nuage nommé Nimbus. Contrairement aux autres nuages, Nimbus n'était pas blanc et moelleux. Il avait une teinte légèrement rosée, un peu comme celle d'une barbe à papa. Il se sentait différent, et cela lui pesait parfois.

Tous les matins, les autres nuages se rassemblaient pour jouer à des jeux de nuages. Mais Nimbus se tenait souvent à l'écart, craignant qu'on se moque de lui à cause de sa couleur unique.

Un jour, Cumulus, le nuage le plus grand et le plus ancien, s'approcha de Nimbus. "Pourquoi ne nous rejoins-tu pas pour jouer ?" demanda-t-il.

Nimbus baissa la tête. "Je suis différent, je n'ai pas la même couleur que vous tous. Je crains que vous ne vous moquiez de moi."

Cumulus éclata de rire. "Oh, Nimbus ! Le ciel serait si ennuyeux si tous les nuages étaient identiques. Ta couleur est spéciale. Elle ajoute de la beauté à notre ciel."

Mais Nimbus n'était pas convaincu. Il décidait souvent de se cacher derrière les montagnes ou de flotter loin des autres.

Un soir, alors que le soleil se couchait, la lumière brillait à travers Nimbus, créant une teinte magnifique dans le ciel. Tous les êtres vivants au sol s'émerveillèrent de cette vue. Les oiseaux chantèrent, les papillons dansèrent, et les humains sortirent de leurs maisons pour admirer le spectacle.

Stratus, un autre nuage, s'écria : "Regardez ! C'est grâce à Nimbus que nous avons une telle beauté ce soir !"

Le lendemain, un petit nuage vert s'approcha de Nimbus. "J'étais jaloux de toi hier soir", dit-il. "Tu étais si beau ! J'ai toujours voulu être différent, comme toi."

Nimbus réalisa alors qu'être différent n'était pas une mauvaise chose. Sa couleur unique apportait de la joie et de la beauté au monde. Il a commencé à passer plus de temps avec les autres nuages, partageant des histoires et des rires.

Les jours suivants, les autres nuages vinrent voir Nimbus pour lui demander comment il faisait pour briller si joliment. Nimbus leur répondit toujours avec un sourire : "Il suffit d'être soi-même."

Avec le temps, chaque nuage trouva sa propre manière unique de briller, et le ciel est devenu le théâtre des plus belles couleurs et formes que l'on peut imaginer.

La légende du petit nuage rosé se répandit, et tous apprirent que la beauté réside dans notre unicité et que l'acceptation de soi est le plus beau cadeau que l'on puisse s'offrir.

Et Nimbus ? Eh bien, il apprit à chérir sa couleur unique et à apprécier les moments où il pouvait rendre le monde un peu plus coloré. Et chaque fois qu'il se sentait un peu triste ou différent, il se rappelait cette leçon précieuse et continuait à briller de mille feux. Et c'est ainsi que le petit nuage unique trouva sa place dans le grand ciel bleu.

Ce que cette histoire nous apprend

L'histoire du petit nuage Nimbus nous raconte une histoire très étonnante. Tu sais, parfois, nous nous sentons différents des autres, comme Nimbus qui était le seul nuage rose dans un ciel rempli de nuages blancs. Et cette différence peut nous rendre un peu tristes ou inquiets.

Mais devine quoi ? Être différent, c'est comme avoir une petite étincelle magique en nous. Nimbus a découvert que sa couleur unique rend le ciel plus beau, surtout pendant les couchers de soleil. Les gens en bas l'admiraient beaucoup !

Ce conte nous apprend que chaque personne, chaque chose dans ce monde, a quelque chose de spécial. Et cette chose spéciale rend le monde plus merveilleux. Au lieu d'être tristes ou inquiets d'être différents, nous devons être fiers et heureux. Parce que cette différence est ce qui nous rend uniques et précieux.

Alors, la prochaine fois que tu te sens un peu différent ou que tu vois quelqu'un qui est différent, souviens-toi de Nimbus. Penser à combien le monde serait ennuyeux si tout était pareil. Chéris ta petite étincelle magique, car elle rend le monde plus coloré et joyeux !

 3 questions pour toi

- ♥ Comment te sentirais-tu si tu étais le seul nuage rose dans le ciel, comme Nimbus ? Penses-tu que c'est une bonne chose d'être unique ?

- ♥ Peux-tu me raconter un moment où tu t'es senti différent des autres ? Comment cela t'a-t-il fait te sentir, et qu'as-tu appris de cette expérience ?

- ♥ Si tu rencontrais quelqu'un qui se sent triste parce qu'il est différent, que lui dirais-tu pour le réconforter en pensant à l'histoire de Nimbus ?

La grande aventure familiale

Valeur : L'amour familial

Il était une fois, dans un charmant village entouré de collines verdoyantes, une famille très unie : les Martin. Il y avait Papa Martin, Maman Martin, Léo le grand frère, Élise la petite sœur, et même Grand-mère Luna, qui, malgré son âge, avait toujours le cœur jeune et l'esprit aventureux.

Un jour, Grand-mère Luna a trouvé une vieille carte au fond d'une malle, une carte qui montre le chemin vers un trésor caché, perdu depuis des générations. Fascinée par l'idée d'une aventure, elle rassembla toute la famille pour leur montrer sa découverte.

"Et si nous partions à la recherche de ce trésor tous ensemble ?" suggéra-t-elle. Les yeux de Léo et Élise brillèrent d'excitation. L'aventure les appelait !

Les préparatifs furent intenses. Chaque membre de la famille avait un rôle. Papa Martin, avec sa force, portait le gros sac. Maman Martin, avec son sens de l'orientation, guidait la famille. Léo, curieux et observateur, cherchait des indices. Élise, avec sa bonne humeur, gardait le moral de l'équipe. Et Grand-mère Luna, avec sa sagesse, racontait des histoires du passé.

Au fil de leur périple, ils rencontrèrent des défis : une rivière à traverser, une montagne à grimper, une forêt dense où il était facile de se perdre. Mais à chaque épreuve, leur amour mutuel les renforçait. Quand Léo trébuchait, Élise le relevait avec un sourire. Quand Maman Martin se fatiguait, Papa Martin la portait sur ses épaules. Et quand la nuit tombait, Grand-mère Luna rassurait tout le monde avec ses berceuses.

Après plusieurs jours de voyage, ils arrivèrent à l'endroit indiqué sur la carte. Mais à la place d'un coffre scintillant, ils trouvèrent une petite boîte en bois. À l'intérieur, un message : "Le trésor est le voyage que vous venez de vivre véritablement et les souvenirs que vous avez créés en tant que famille. Chérissez-les toujours."

La famille Martin se regarda, un peu déçue au début. Mais en repensant à leur aventure, ils réalisèrent que ce voyage les avait rapprochés comme jamais. Ils avaient partagé des rires, des larmes, des peurs et des victoires. Ils avaient découvert que le trésor le plus précieux était l'amour qu'ils se portaient les uns aux autres.

De retour au village, ils racontèrent leur aventure à tous. Et bien que certains furent étonnés qu'ils n'étaient pas trouvés d'or ou de pierres précieuses, pour la famille Martin, le trésor le plus précieux était dans leurs cœurs, et c'était l'amour familial.

Et c'est ainsi que se termine notre histoire, rappelant à chacun de nous que les véritables richesses se trouvent dans les moments partagés avec ceux que l'on aime.

 Ce que cette histoire nous apprend

Cette belle histoire des Martin nous raconte une grande aventure pleine de surprises et de découvertes. Mais sais-tu quel est le plus grand trésor qu'ils ont trouvé ? Ce n'était pas de l'or ou des diamants. C'était quelque chose de bien plus précieux !

La famille Martin a appris que les moments passés ensemble, à se soutenir, à rire, à jouer et même à surmonter des défis, valent bien plus que n'importe quel trésor matériel. Parce que les souvenirs créés avec les personnes qu'on aime restent dans nos cœurs pour toujours. C'est un peu comme quand tu joues avec tes parents, tes frères et sœurs ou tes grands-parents. Ces moments de joie sont de véritables trésors.

Tu sais, ce que cette histoire veut nous dire, c'est que l'amour familial est la plus grande richesse que l'on puisse avoir. Il est toujours là, même quand on ne le voit pas. Et tout comme la famille Martin, nous devons chérir et protéger cet amour.

Alors, la prochaine fois que tu passeras du temps en famille, pense à cette histoire et souviens-toi que chaque instant partagé est un petit trésor que tu garderas précieusement dans ton cœur.

 3 questions pour toi

- ♥ Te souviens-tu d'un moment spécial que tu as partagé avec ta famille ? Peux-tu me raconter ce qui s'est passé et pourquoi c'était si spécial pour toi ?

- ♥ Dans notre histoire, les Martin ont découvert que le trésor le plus précieux était les moments passés ensemble. Qu'est-ce qui te rend le plus heureux quand tu es avec ta famille ?

- ♥ Imaginons que tu puisses créer une aventure pour ta propre famille, tout comme les Martin. Où iriez-vous et quelles seraient les choses amusantes que vous feriez ensemble ?

Les deux petits papillons

Valeur : L'amitié

Il était une fois, dans une vallée lumineuse et chatoyante, deux petits papillons qui naissaient presque en même temps. L'un était orange avec des motifs dorés qui brillaient au soleil, et il s'appelait Solea. L'autre était bleu avec des éclats d'argent, et il se nommait Luna.

Dès leur naissance, Solea et Luna étaient inséparables. Ils découvraient ensemble chaque recoin de la vallée, jouaient à cache-cache parmi les pétales des fleurs et dansaient dans les rayons du soleil.

Un jour, alors qu'ils exploraient un vieux tronc d'arbre, Solea trouva une petite perle brillante. "Regarde, Luna ! C'est le plus beau trésor que j'ai jamais vu !", s'exclama-t-il. Luna était d'accord, mais elle sentait une pointe de jalousie. Elle voulait aussi trouver un trésor.

Le lendemain, Luna découvra un éclat lumineux caché sous une feuille. C'était un diamant étincelant. "J'ai mon trésor maintenant !" s'écria-t-elle fièrement. Solea, à son tour, ressentit de la jalousie.

Les deux amis commencèrent à passer moins de temps ensemble, préférant chercher d'autres trésors. Leur amitié semblait s'évanouir, tout comme les couleurs de leurs ailes lorsqu'un nuage cachait le soleil.

Un jour, un gros oiseau noir s'approche de la vallée. Attiré par la brillance des trésors, il essaya de les prendre. Luna et Solea, chacun de leur côté, tentèrent de protéger leurs trouvailles, mais l'oiseau était trop grand et trop fort.

C'est alors que Luna a eu une idée. Elle vola vers Solea et lui dit : "Si nous unissons nos forces et combattions ensemble, nous chasserons cet oiseau loin de nos trésors !" Solea accepta, et les deux papillons, en utilisant la lumière brillante de leurs trésors combinés, éblouirent l'oiseau qui s'envola, effrayé.

Après cette aventure, Luna et Solea se rendirent compte que leurs trésors étaient insignifiants comparés à la précieuse amitié qu'ils partageaient. Ils décidèrent de cacher leurs trésors et de consacrer leur temps à renforcer leur lien d'amitié.

Les jours passèrent, et la légende des deux petits papillons inséparables se répandit dans toute la vallée. On disait alors, que chaque fois que vous voyiez un papillon orange et un papillon bleu voler ensemble, cela portait bonheur.

Et ainsi, dans la vallée lumineuse et chatoyante, Solea et Luna continuèrent à danser, à rire et à explorer, prouvant que la véritable richesse ne se trouve pas dans les trésors matériels, mais dans les relations que nous chérissons.

Et ils vécurent heureux, volant côte à côte, pour toujours.

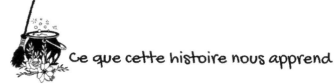
Ce que cette histoire nous apprend

Cette histoire a une belle leçon à nous enseigner, et je vais te la raconter.

Tu sais, parfois, on trouve des choses qui semblent très précieuses et importantes pour nous, comme des jouets ou des bonbons. Mais ces choses ne valent pas autant que les moments que l'on passe avec nos amis ou notre famille. C'est un peu comme Solea et Luna qui ont trouvé des trésors brillants, mais ils ont oublié l'importance de rester ensemble.

Lorsqu'ils ont réalisé qu'un oiseau voulait prendre leurs trésors, ils ont compris qu'en travaillant ensemble, ils étaient beaucoup plus forts. C'est comme lorsque tu joues avec tes amis ; ensemble, vous pouvez créer des jeux encore plus amusants et surmonter de plus gros défis !

L'histoire nous montre que les véritables trésors ne sont pas toujours des choses que l'on peut toucher ou voir, mais des sentiments que l'on ressent dans notre cœur. Solea et Luna ont découvert que leur amitié était le plus grand trésor de tous.

Alors n'oublie jamais : même si tu as beaucoup de jouets ou de bonbons, le plus beau cadeau est l'amour et l'amitié que tu partages avec ceux qui t'entourent.

 3 questions pour toi

- ♥ Qu'est-ce qui a rendu Solea et Luna si heureux à la fin de l'histoire, même s'ils n'avaient plus tous les trésors brillants ?

- ♥ As-tu un ami ou une amie avec qui tu aimes partager des moments spéciaux ? Pourquoi est-ce si agréable d'être avec lui ou elle ?

- ♥ Imagine que tu es un des papillons et que tu veux protéger ton trésor. Comment pourrais-tu faire pour que ton amitié avec l'autre papillon reste solide et précieuse ?

10 CONTES MERVEILLEUX POUR LES ENFANTS DE 6 À 9 ANS

La montagne insurmontable

Valeur : La persévérance

Il était une fois, dans un village paisible niché au pied d'une immense montagne, une fillette prénommée Elara. Les anciens du village appelaient cette montagne "La Montagne Insurmontable". Selon eux, personne n'avait jamais atteint le sommet, car chaque tentation d'escalade était repoussée par ses sentiers tortueux et ses épreuves insurmontables.

Elara était une enfant rêveuse, toujours à imaginer ce qui se cachait au-delà des horizons. Un soir, en écoutant les histoires des aînés, elle s'était promise de gravir cette montagne, peu importe le temps que cela prendrait. Elle voulait voir le monde depuis le plus haut point.

Armée d'un petit sac contenant une gourde, quelques provisions et un cœur rempli de courage, Elara commença sa montée. Les premiers obstacles furent les plus faciles : quelques pentes raides, des ronces à éviter. Mais bientôt, elle sera confrontée à des défis bien plus grands.

Une fois, un éboulement la force à trouver un autre chemin. Une autre fois, elle devait passer une nuit entière sous une pluie battante, cherchant un abri entre les rochers. Mais à chaque obstacle, Elara répétait comme un mantra : "Petit à petit, pas après pas."

Après plusieurs jours, elle rencontra Liam, un garçon du village voisin qui avait aussi décidé de gravir la montagne. Ensemble, ils partagèrent des ressources, des rires et des encouragements. Quand l'un flanchait, l'autre le soutenait.

Mais bientôt, ils atteindront la zone la plus redoutée de la montagne : la Forêt des Doutes. C'était une partie sombre et brumeuse où les voix intérieures prenaient vie. Elara entendait des murmures : "Tu n'y arriveras jamais", "C'est trop dur pour toi". Liam, de son côté, entendait aussi des voix : "Tu n'es pas assez fort", "Tu devrais abandonner".

C'était la partie la plus difficile de leur voyage. Mais ils se soutenaient mutuellement, se rappelant constamment pourquoi ils avaient commencé ce voyage. Ils se remémoraient les beaux moments passés, les défis surmontés, et cela leur donnait la force de persévérer.

Finalement, après ce qui leur semblait être une éternité, ils sortirent de la Forêt des Doutes. Et devant eux se dressait le sommet tant attendu. Avec leurs dernières forces, ils grimpèrent, se soutenant mutuellement.

Et là, au sommet, la vue était plus magnifique que tout ce qu'ils avaient imaginé. Les villages en contrebas ressemblaient à des maquettes, et le ciel était si proche qu'ils avaient l'impression de pouvoir toucher les nuages.

En redescendant, avec leurs souvenirs gravés à jamais, Elara et Liam savaient que peu importe la hauteur de la montagne ou la difficulté du chemin, avec de la persévérance et de l'entraide, tout est possible.

Et c'est ainsi que la "Montagne Insurmontable" fut vaincue, non pas par la force, mais par la détermination d'une petite fille et de son nouvel ami.

 Ce que cette histoire nous apprend

Cette belle histoire d'Elara et Liam nous raconte une grande aventure, mais elle a aussi de précieuses leçons à nous apprendre.

Tout d'abord, elle nous montre que même si quelque chose semble impossible, comme grimper une montagne insurmontable, avec de la détermination et du courage, on peut réaliser de grandes choses. Parfois, on peut rencontrer des obstacles sur notre chemin, comme Elara et Liam l'ont fait, mais il ne faut jamais abandonner. Même quand ça devient vraiment difficile, il faut se souvenir de pourquoi on a commencé et continuer à avancer, pas après pas.

Ensuite, cette histoire nous apprend l'importance de l'amitié et de l'entraide. Quand Elara et Liam ont décidé de travailler ensemble, ils ont pu surmonter des défis qu'ils n'auraient peut-être pas pu affronter seuls. C'est comme quand tu joues à un jeu difficile avec un ami : ensemble, vous pouvez trouver des solutions que vous n'auriez pas trouvées tout seul.

Enfin, chaque fois que tu rencontres des difficultés, pense à la Forêt des Doutes qu'Elara et Liam ont traversée. Les voix négatives ne sont que des peurs temporaires. Avec de la persévérance et en croyant en toi-même, tu peux surmonter n'importe quel défi.

N'oublie jamais : peu importe la hauteur de la montagne, avec du courage et des amis à tes côtés, tu peux réaliser de merveilleuses choses.

 3 questions pour toi

- ♥ Pense à un moment où tu as dû faire face à un défi ou à une tâche difficile. Comment t'es-tu senti au début, et comment as-tu surmonté cette difficulté ?

- ♥ Si tu étais à la place de Elara et Liam, et que tu entendais les voix dans la Forêt des Doutes, que te dirais-tu pour continuer à avancer et ne pas écouter ces voix négatives ?

- ♥ Peux-tu donner un exemple d'une fois où l'aide d'un ami ou d'un membre de ta famille t'a aidé à accomplir quelque chose que tu trouvais difficile à faire tout seul ?

Le trésor perdu de Timéo

Valeur : La responsabilité

Il était une fois, dans un petit village niché entre les collines et les forêts, un jeune garçon nommé Timéo. Il vivait avec sa famille dans une maisonnette charmante, entourée de fleurs multicolores et d'arbres fruitiers. Timéo était connu pour sa curiosité insatiable, mais aussi pour être quelque peu distrait.

Un jour, pour ses neuf ans, son grand-père lui offrit un médaillon ancien, transmis de génération en génération. Le médaillon avait une valeur sentimentale inestimable pour la famille. Il racontait, selon la légende, le courage de leurs ancêtres face aux adversités. Grand-père dit à Timéo : "Ce médaillon est le trésor de notre famille. Prends-en bien soin."

Timéo, émerveillé, promis de le faire, mais en rentrant de l'école quelques jours plus tard, il réalisa qu'il l'avait perdu ! Affolé, il se souvient de sa journée. L'avait-il oublié à l'école ? L'avait-il perdu dans la forêt en jouant avec ses amis ? Où aurait-il bien pu le laisser ?

Décidé à retrouver son trésor, Timéo commença ses recherches. Il retourna à l'école et demanda à la maîtresse, à la bibliothécaire et même au concierge. Tous étaient désolés, mais aucun n'avait vu le médaillon. Ne se décourageant pas, il partit explorer la forêt avec son meilleur ami, Luna.

Ils cherchèrent partout, scrutant chaque feuille, chaque pierre, chaque recoin. Soudain, Luna dit : "Rappelle-toi, ce matin tu as aidé le vieux Monsieur Albert à ramasser ses pommes tombées. Peut-être l'as-tu laissé là-bas ?"

Courant jusqu'à la maison de Monsieur Albert, Timéo demanda au vieil homme s'il avait vu son précieux médaillon. "Ah, le joli pendentif ? Je l'ai trouvé par terre après ton départ et je l'ai mis en sécurité. Je savais que tu reviendrais le chercher", dit Monsieur Albert en souriant.

Timéo, soulagé et heureux, remercia Monsieur Albert et Luna. Ce soir-là, avant de s'endormir, il réfléchit à la journée écoulée. Il se rendit compte de l'importance de la responsabilité, surtout lorsqu'il s'agit de choses précieuses. Il décida d'accrocher le médaillon au-dessus de son lit, pour se souvenir chaque jour de cette leçon importante.

Et c'est ainsi que Timéo, grâce à son trésor perdu puis retrouvé, apprécia la valeur de la responsabilité et l'importance de prendre soin des choses qui nous sont confiées.

Ce que cette histoire nous apprend

L'histoire de Timéo et de son médaillon précieux, c'était tout une aventure, n'est-ce pas ? Mais tu sais, cette histoire n'est pas juste une simple aventure. Elle a une leçon très intéressante à nous enseigner. Tu veux savoir laquelle ? Allons-y !

Timéo a reçu un médaillon très spécial de son grand-père. Ce n'était pas juste un bijou ordinaire ; c'était un trésor familial. Et tu sais quoi ? Parfois, on reçoit des choses précieuses, comme des cadeaux, des responsabilités ou même des secrets, et il est très important de bien s'en occuper. Timéo a appris cela de la manière difficile.

Quand il a perdu le médaillon, il a ressenti de la tristesse et de l'inquiétude. Mais au lieu de se lamenter, il a pris ses responsabilités et est parti à la recherche de son trésor. Avec l'aide de son amie Luna et les indices le long du chemin, il a retrouvé son médaillon chez

Monsieur Albert.

Ce que cette histoire nous montre, c'est que lorsque nous faisons une erreur ou oublions quelque chose d'important, ce n'est pas la fin du monde. Si nous prenons nos responsabilités, si nous cherchons de l'aide et si nous persévérons, nous pouvons corriger nos erreurs. Alors, la prochaine fois que tu as une tâche ou une responsabilité, souviens-toi de Timéo et prends-en bien soin !

 3 questions pour toi

- ♥ As-tu déjà perdu quelque chose d'important pour toi, comme Timéo a perdu son médaillon ? Comment t'es-tu senti et qu'as-tu fait pour le retrouver ?

- ♥ Penses-tu que Timéo aurait retrouvé son médaillon s'il n'avait pas demandé de l'aide à Luna ? Pourquoi est-il important de demander de l'aide quand on ne sait pas quoi faire ?

- ♥ Si tu avais un trésor spécial comme le médaillon de Timéo, comment ferais-tu pour t'assurer de ne jamais le perdre ? Quelles responsabilités prendrais-tu pour en prendre soin ?

Les chaussures magiques d'Élisa

Valeur : L'empathie

Il était une fois, dans un petit village niché au cœur d'une vallée fleurie, une petite fille du nom d'Élisa. Élisa était connue pour son amour des chaussures. Elle en avait de toutes les couleurs et de toutes les formes, mais parmi sa vaste collection, une paire était spéciale. Ces chaussures étaient dorées, ornées de petits papillons brillants.

Un jour, alors qu'Élisa flânait dans le marché local, une vieille femme mystérieuse l'approcha. Elle tendit à Élisa une paire de chaussures en velours bleu scintillant et lui dit : "Ces chaussures ont le pouvoir de te faire sentir ce que ressent la personne en face de toi. Mais sois prudente, elles doivent être utilisées à bon escient."

Intriguée, Élisa enfila les chaussures et, par moments, elle ressentit une lourde tristesse. Elle se tourna et vit une vieille dame, Mme Dubois, dont le chat venait de disparaître. Élisa se rapprocha et la consola, comprenant essentiellement sa peine.

Le lendemain, en portant les chaussures, Élisa croisa Tom, un garçon qui se moquait souvent des autres. Mais ce jour-là, au lieu de rire, elle ressentit sa solitude et son envie d'appartenir à un groupe. Elle l'invita à jouer avec elle et ses amis.

Chaque jour, Élisa utilisait les chaussures pour comprendre et aider ceux qui l'entouraient. Elle découvrit que la boulangère était inquiète pour sa fille malade, que son professeur se sentait débordé par le travail, et que sa meilleure amie, Sophie, était triste car elle allait déménager.

Cependant, Élisa a commencé à se sentir submergée par toutes ces émotions. Les chaussures semblaient lourdes à porter. Elle retourna voir la vieille femme et lui confia ses préoccupations.

La vieille femme sourit et dit : "L'empathie est un cadeau, mais elle vient avec une responsabilité. Tu dois apprendre à écouter et à aider, mais aussi à prendre du temps pour toi."

Élisa comprit qu'elle ne pouvait pas porter les chaussures tous les jours. Elle les utiliserait quand elle sentirait que quelqu'un avait besoin d'elle, mais elle prendrait aussi le temps de se chausser avec ses autres paires, celles qui lui permettaient d'être simplement elle-même.

Le temps passa et Élisa grandit, mais elle n'oublia jamais la leçon que les chaussures magiques lui avaient enseignée. Elle comprit que l'empathie était bien plus qu'une magie ; c'était le pouvoir de comprendre et de se connecter aux autres, un pouvoir que tout le monde possédait, chaussures magiques ou non.

Et ainsi, dans ce petit village niché au cœur d'une vallée fleurie, une fille du nom d'Élisa enseigna à tous l'importance de marcher, ne serait-ce qu'un instant, dans les chaussures d'un autre.

 ## Ce que cette histoire nous apprend

L'histoire des chaussures magiques d'Élisa nous enseigne quelque chose de vraiment unique. Imagine si tu pouvais ressentir exactement ce que tes amis ressentent, ou même quelqu'un que tu ne connais pas très bien. C'est ce qu'Élisa a pu faire avec ses chaussures magiques !

Tout d'abord, cette histoire nous montre combien il est important de comprendre les sentiments des autres. C'est ce qu'on appelle l'empathie. Grâce à ses chaussures, Élisa a pu ressentir la tristesse, la joie, la peur ou même la solitude des personnes autour d'elle. Elle a appris à les aider et à être là pour eux, parce qu'elle savait exactement ce qu'ils ressentaient.

Mais, il y a aussi une autre leçon. Même si c'est génial d'aider les autres, il faut parfois penser à soi. Élisa était fatiguée car elle ressentait trop d'émotions. Elle a appris qu'il est important de prendre du temps pour elle, de se reposer et d'écouter ses propres sentiments.

Alors, souviens-toi : Essaie toujours de comprendre les autres et d'être gentil avec eux. Mais n'oublie pas de prendre soin de toi aussi. Et le plus beau, c'est que tu n'as pas besoin de chaussures magiques pour faire tout cela. Ton cœur est déjà assez magique comme ça !

 3 questions pour toi

♥ As-tu déjà ressenti ce que quelqu'un d'autre ressentait, comme Élisa avec ses chaussures magiques ? Peux-tu raconter cette expérience ?

♥ Comment penses-tu qu'Élisa se sentait quand elle découvrait les émotions des autres ? Et comment te sentirais-tu à sa place ?

♥ Imaginons que tu aies des chaussures magiques comme celles d'Élisa pour une journée. Que ferais-tu pour aider les gens autour de toi en comprenant leurs sentiments ?

Le village des couleurs

Valeur : La coopération

Il était une fois, au cœur d'une vallée lointaine, un village pas comme les autres. Chaque maison, chaque arbre, chaque pierre était d'une couleur différente.

Le village était divisé en quartiers selon les couleurs : le quartier rouge, le quartier bleu, le quartier vert et le quartier jaune. Les habitants vivaient paisiblement, mais ils avaient une règle étrange : ils ne devaient jamais mélanger leurs couleurs.

Rosa habitait le quartier rouge. Elle adorait courir sur les collines rougeoyantes et sentir le doux parfum des roses rouges. Mais, elle était curieuse de connaître les autres quartiers.

Un jour, pendant une grande fête au village, une tempête soudaine éclata. Le vent fort emporta des objets de chaque quartier, mélangeant tout. Les maisons, autrefois bien distinctes, étaient maintenant tachetées de différentes teintes.

Les habitants étaient en colère. Chacun blâmait l'autre pour ce désordre. Mais Rosa a eu une idée. "Pourquoi ne pas travailler ensemble pour redonner de la couleur à notre village ?"

Au début, les gens étaient réticents. Comment les rouges pourraient-ils travailler avec les bleus ? Et que diraient les verts et les jaunes ? Mais Rosa était convaincante.

Elle réunit les enfants de chaque quartier et forma des équipes mixtes. En travaillant ensemble, ils découvrirent que le mélange de couleurs créait de nouvelles et magnifiques teintes. Le village est devenu encore plus coloré et joyeux qu'avant !

Les adultes, voyant les enfants coopérer et s'amuser ensemble, décidèrent d'essayer. Petit à petit, le village des couleurs retrouva sa splendeur. Les rues étaient maintenant pleines de rires, de chansons et de danses.

L'ancienne règle fut abolie. Désormais, les habitants pouvaient visiter n'importe quel quartier, mélanger leurs couleurs et apprendre les uns des autres.

La fête annuelle du village était devenue une célébration de l'unité et de la coopération. Les gens de tous les quartiers se mêlaient, échangeaient des histoires et des recettes, et travaillaient ensemble pour rendre le festival plus grand et meilleur chaque année.

Et Rosa ? Elle est devenue la maire du village. Sous sa direction, le village des couleurs est devenu un symbole de paix, d'unité et de coopération.

Et c'est ainsi que le village comprit que lorsque l'on travaille ensemble, en combinant nos forces, nos talents et nos couleurs, on peut créer quelque chose de bien plus grand et de bien plus beau.

Ce que cette histoire nous apprend

As-tu déjà remarqué comment chaque crayon dans ta boîte a une couleur unique ? Et pourtant, quand tu les utilises tous ensemble, tu peux créer une magnifique image ? Le village des couleurs nous raconte une histoire similaire.

Le village était divisé en différentes couleurs, tout comme nos différences dans la vie réelle. Parfois, ces différences peuvent nous rendre curieux, ou parfois même nous faire sentir séparés des autres. Mais, tout comme Rosa l'a découvert, ces différences sont ce qui rend notre monde si spécial et coloré.

Lorsque les couleurs du village ont été mélangées par la tempête, les habitants ont d'abord été contrariés. Mais en travaillant ensemble, ils ont réalisé qu'ils pouvaient créer quelque chose d'encore plus beau. De la même manière, quand nous unissons nos forces avec d'autres, malgré nos différences, nous pouvons accomplir de grandes choses.

Alors, la prochaine fois que tu rencontreras quelqu'un de différent de toi, souviens-toi du village des couleurs. Pense à toutes les merveilleuses choses que vous pouvez créer ensemble si vous coopérez. Parce que, tout comme les couleurs, chacun de nous a quelque chose d'unique à apporter.

 3 questions pour toi

♥ Si tu étais un habitant du village des couleurs, quelle couleur aurais-tu aimé être et pourquoi ? Penses-tu que cette couleur pourrait s'entendre avec les autres ?

♥ Te souviens-tu d'une fois où tu as travaillé en équipe avec des amis ou des membres de ta famille pour réaliser quelque chose de spécial ? Comment vous êtes-vous sentis après avoir accompli cela ensemble ?

♥ Imagine que tu as un ami qui vient d'un "village" très différent du tien. Comment pourriez-vous coopérer pour créer une belle "peinture" ensemble, tout comme les couleurs du village l'ont fait ? Quelles seraient les étapes à suivre pour y arriver ?

Le miroir enchanté de Léa

Valeur : L'estime de soi

Il était une fois, dans un village lointain nommé Lumiville, une petite fille aux cheveux bouclés et aux yeux pétillants du nom de Léa. Bien que Léa soit une fille brillante et talentueuse, elle avait souvent du mal à voir sa propre valeur. Elle comparait constamment ses cheveux, ses vêtements et ses talents à ceux des autres enfants du village.

Un jour, alors qu'elle explorait le grenier de sa grand-mère, Léa tomba sur un objet étonnant : un vieux miroir aux cadres ornés d'or et de pierres précieuses. Intriguée, elle essuya la poussière et se regarda dedans. Mais au lieu de voir son propre reflet, elle vit une version plus âgée d'elle-même.

"Qui es-tu ?" demanda Léa, surprise.

"Je suis toi, Léa", répondit le reflet. "Ou plutôt, je suis la Léa que tu pourrais devenir si tu apprends à t'aimer et à te valoriser."

La Léa du miroir était confiante, souriante, et dégageait une lumière brillante. Elle commença à raconter des histoires de moments où la jeune Léa avait fait preuve de gentillesse, de courage et d'intelligence. Elle lui rappela des souvenirs oubliés où elle avait aidé ses amis, résolu des énigmes compliquées ou créé de magnifiques œuvres d'art.

Chaque jour, après l'école, Léa venait parler à son reflet. À chaque visite, elle apprenait à voir sa valeur à travers les yeux de son futur moi.

Elle écoutait les histoires de ses succès, de ses échecs, mais surtout de sa capacité à toujours se relever et à croire en elle-même.

Les jours passèrent, et l'estime de soi de Léa commença à grandir. Elle arrêta de se comparer aux autres et commença à célébrer ses propres succès. Ses amis remarquèrent le changement. Elle rayonnait d'une confiance nouvelle.

Un soir, alors qu'elle parlait à son reflet, la Léa du miroir lui dit : "Tu n'as plus besoin de moi. Tu as appris à voir la beauté en toi."

Léa sourit, les larmes aux yeux, "Merci", dit-elle. "Mais comment puis-je te rendre la pareille ?"

"En partageant ce que tu as appris avec les autres", répondit la Léa du miroir. "Aide-les à voir leur propre valeur."

Le lendemain, Léa emporta le miroir à l'école. Elle invita chaque enfant à regarder dedans. Et à leur grande surprise, ils virent aussi une version future d'eux-mêmes, remplie de confiance et de fierté.

Grâce au miroir enchanté, les enfants de Lumiville apprirent à s'apprécier pour ce qu'ils étaient. Ils comprirent que chaque personne est unique et précieuse à sa manière. Et Léa, avec son miroir magique, les aida à voir la lumière en eux-mêmes.

Et ainsi, dans le petit village de Lumiville, chaque enfant grandit en sachant qu'il était spécial, unique, aimé et digne de toutes les merveilles du monde.

Et si tu regardes attentivement dans le miroir, peut-être verras-tu aussi la magie qu'il y a en toi !

Ce que cette histoire nous apprend

Le merveilleux conte du "Miroir enchanté de Léa" nous révèle une vérité très précieuse.

Léa avait du mal à voir ce qui la rendait unique, tout comme parfois, nous pouvons nous sentir un peu perdus en nous comparant aux autres. Mais le miroir magique lui a montré qu'en elle, il y avait une personne incroyable, pleine de talents et de qualités. Et divine quoi ? Cette magie n'est pas seulement en Léa, elle est aussi en toi !

Il est important de se rappeler que nous n'avons pas besoin d'être comme tout le monde. Chacun de nous est unique et a quelque chose de spécial à offrir au monde. Plutôt que de toujours regarder ce que font les autres, nous devrions chercher la lumière qui brille en nous.

Et n'oublie pas la belle action de Léa à la fin. Elle a partagé le miroir avec ses amis pour les aider à voir leur propre beauté. Cela nous montre que lorsque nous découvrons quelque chose de merveilleux sur nous-mêmes, il est beau de le partager et d'aider les autres à voir leur propre magie.

Alors, la prochaine fois que tu te regardes dans le miroir, rappelle-toi de Léa et pense à toutes les choses merveilleuses qui te rendent unique.

3 questions pour toi

- ♥ Qu'as-tu ressenti lorsque Léa a découvert toutes les belles choses à son sujet dans le miroir magique ? Y a-t-il des moments où tu te sens comme Léa avant qu'elle ne trouve le miroir ?

- ♥ Si tu avais un miroir magique comme celui de Léa, quelles qualités ou talents spéciaux penses-tu qu'il te montrerait ? Pourquoi ?

- ♥ Comment pourrais-tu aider un ami ou une amie à voir ce qui le rend spécial, même sans le miroir magique de Léa ? As-tu déjà vécu une situation où tu as réconforté un ami qui doutait de lui ?

Le puzzle impossible

Valeur : La gestion de la frustration

Il était une fois, dans un petit village niché entre de douces collines, un nommé Léo qui adorait les puzzles. Léo avait une collection impressionnante, des puzzles avec des animaux, des paysages, des châteaux, des dragons… Mais parmi tous, il y avait un puzzle qui restait inachevé : le "Puzzle Impossible".

Le Puzzle Impossible avait été offert à Léo pour son huitième anniversaire par sa grand-mère. C'était un magnifique puzzle avec un arc-en-ciel qui semblait briller. "Ce puzzle a été dans notre famille pendant des générations", avait-elle déclaré. "Mais personne n'a jamais réussi à le terminer. C'est à ton tour d'essayer."

Léo avait commencé avec enthousiasme, mais très vite, il se rendit compte que ce puzzle était différent des autres. Chaque fois qu'il pensait avoir trouvé la pièce parfaite, elle ne semblait jamais convenir. La frustration de Léo grandissait chaque jour. Souvent, il criait, jetait les pièces et se sentait vraiment démoralisé.

Un soir, alors que Léo était au bord des larmes, sa petite sœur, Clara, entra dans sa chambre. "Pourquoi est-ce si difficile ?" demanda-t-il, la voix tremblante de frustration.

Clara le regarda, puis le puzzle, et dit : "Peut-être que tu essaies trop fort. Parfois, quand on prend du recul et qu'on respire, les choses deviennent plus claires."

Léo était sceptique, mais il décida d'écouter sa sœur. Il se leva, sortit prendre l'air, fit une petite promenade et joua avec Clara dans le jardin. Après avoir ri et couru, il revient à sa table de puzzle avec une nouvelle perspective.

Il prit une inspiration profonde, ferma les yeux un instant, puis commença à assembler le puzzle. À sa grande surprise, les pièces commencèrent à s'assembler. Chaque fois qu'il ressentait de la frustration, il s'arrêtait, prenait une grande respiration et essayait à nouveau. Avec patience et persévérance, le puzzle a finalement commencé à prendre forme.

Après plusieurs jours, avec de nombreuses pauses pour respirer et jouer, Léo a finalement placé la dernière pièce du Puzzle Impossible. Il a levé les bras en l'air avec joie et a couru montrer le puzzle terminé à sa famille. Tous étaient stupéfaits.

Sa grand-mère sourit et dit : "Tu as appris la leçon la plus importante, mon cher. La patience et la gestion de la frustration. Je suis si fière de toi."

Chaque fois que Léo regardait le Puzzle Impossible désormais terminé, il se rappelait l'importance de la patience, de la persévérance et de prendre le temps de respirer face à la frustration.

Et c'est ainsi que dans un petit village, un garçon du nom de Léo a appris à gérer sa frustration et à trouver la paix intérieure en assemblant le Puzzle Impossible. Et il vécut, avec sa famille et son puzzle, heureux pour toujours.

Ce que cette histoire nous apprend

As-tu déjà ressenti cette étrange sensation quand quelque chose te paraît vraiment, vraiment difficile, et que tu te sens frustré ? C'est un peu comme ce que Léo a ressenti avec son "Puzzle Impossible". Mais tu sais quoi ? Cette histoire nous montre qu'il est normal de ressentir de la frustration parfois, surtout lorsque l'on est face à un gros défi.

Léo a essayé et essayé, mais il n'arrivait pas à terminer le puzzle. Il était sur le point de renoncer ! Mais avec l'aide de sa sœur Clara, il a appris quelque chose de précieux : il faut parfois prendre du recul, respirer profondément et se donner une petite pause. Lorsque nous faisons cela, nous nous donnons l'espace pour voir les choses différemment et essayer à nouveau avec un esprit frais.

La patience et la persévérance sont deux super-pouvoirs que nous pouvons tous développer. Et souviens-toi, chaque fois que tu sens de la frustration, ce n'est pas la fin ! C'est juste un signe que tu dois peut-être prendre une pause, te calmer, et ensuite, avec courage, essayer à nouveau. Comme Léo, tu peux aussi relever tous les défis, aussi grands soient-ils, tant que tu crois en toi et que tu apprends à gérer ta frustration. Alors, prêt à affronter ton propre "Puzzle Impossible" ?

 3 questions pour toi

- ♥ As-tu déjà eu un moment où tu as ressenti une grande frustration, comme Léo avec son puzzle ? Peux-tu me raconter cette expérience ?

- ♥ Qu'aurais-tu fait à la place de Léo lorsque le puzzle semblait trop difficile ? Aurais-tu demandé de l'aide ou pris une pause ?

- ♥ Penses-tu qu'il est important d'apprendre à gérer sa frustration ? Pourquoi, et comment crois-tu que cela pourrait t'aider dans d'autres situations de ta vie ?

Le voyage inattendu de Noah

Valeur : L'adaptabilité

Il était une fois, dans un petit village niché entre deux montagnes, un garçon nommé Noah. Noah était un enfant qui aimait tout planifier. Il avait un horaire pour chaque partie de sa journée et s'y tenait toujours. Chaque matin, il se levait à la même heure, prenait son petit-déjeuner exactement dix minutes plus tard, et se rendait à l'école en suivant toujours le même chemin.

Un jour, alors qu'il se préparait pour sa journée typique, une lettre ornée d'un sceau doré arriva. Elle était envoyée pour lui. "Cher Noah", commençait la lettre, "Nous t'invitons à un voyage mystérieux, où rien ne sera comme tu l'attends. Rendez-vous demain matin à l'aube à l'entrée de la forêt." Intrigué et un peu anxieux, Noah décida d'accepter l'invitation.

Le lendemain, à l'entrée de la forêt, il rencontra une créature ressemblant à un hibou avec des ailes de papillon. "Je suis Hélio", dit la créature, "ton guide pour ce voyage. Prépare-toi à des surprises !"

À chaque étape de leur aventure, Noah était confronté à des défis inattendus. Là où il pensait trouver un pont, il y avait une rivière qu'il devait traverser à la nage. Quand il s'attendait à une plaine, une série de collines rocheuses se dressait devant lui.

Mais avec l'aide d'Hélio, Noah appris à s'adapter. Au lieu de s'inquiéter ou de se plaindre quand les choses ne se passaient pas comme prévu, il trouvait des solutions. Il construisit un radeau pour traverser la rivière et trouva un sentier caché à travers les collines.

Lors de leur dernière étape, ils arrivèrent dans une ville où tout était à l'envers. Les arbres poussaient vers le bas, et les oiseaux volaient à reculons ! Au début, Noah se sentait dépassé. Mais il se rappela tout ce qu'il avait appris lors de son voyage et commença à rire. Il fit des bons en arrière avec les oiseaux et cueillit des fruits des arbres renversés.

Finalement, Noah et Hélio retournèrent au village. Noah n'était plus le même garçon qui avait besoin de tout planifier. Il avait appris que parfois, l'inattendu peut être amusant et que s'adapter à de nouvelles situations peut mener à de merveilleuses aventures.

Et depuis ce jour, chaque fois que quelque chose d'inattendu se produisait dans sa vie, Noah souriait, se souvenant de son voyage magique et de la valeur précieuse de l'adaptabilité.

Ce que cette histoire nous apprend

Cette histoire a une belle leçon à nous apprendre, et j'aimerais te la partager.

Tout d'abord, l'histoire de Noah nous montre qu'il est normal d'aimer quand les choses sont prévisibles et suivent un plan. C'est rassurant, n'est-ce pas ? Mais parfois, la vie nous réserve des surprises, et tout ne se passe pas comme on l'avait imaginé.

C'est là que la magie commence ! Au lieu de se sentir triste ou en colère lorsque les choses ne vont pas comme prévues, Noah nous indique qu'on peut voir ces moments comme des opportunités. Chaque défi, comme traverser une rivière ou découvrir une ville à l'envers, peut être une chance d'apprendre et de grandir.

Enfin, l'adaptabilité, c'est comme un super-pouvoir. Elle nous permet de nous ajuster aux nouvelles situations et de trouver de la joie dans l'inconnu. Grâce à son voyage, Noah a appris à accueillir les surprises avec un sourire et un cœur ouvert.

Alors, la prochaine fois que quelque chose d'inattendu se produira dans ta vie, pense à Noah et rappelle-toi que l'adaptabilité peut transformer n'importe quel défi en une aventure passionnante !

 3 questions pour toi

- ♥ Raconte-moi une fois où quelque chose d'inattendu t'est arrivé. Comment t'es-tu senti(e) et comment as-tu réagi ? Penses-tu que, comme Noah, tu pourrais trouver un côté positif à cette situation ?

- ♥ Si tu étais à la place de Noah et que tu devais passer une journée avec Hélio, où voudrais-tu aller et que voudrais-tu découvrir ? Comment pourrais-tu transformer cette journée en une aventure passionnante, même si tout ne se passe pas comme prévu ?

- ♥ Comment pourrais-tu aider quelqu'un d'autre à s'adapter à une situation inattendue ? Quels conseils donnerais-tu pour qu'il voie le côté positif des choses ?

La boîte mystérieuse de Jade

Valeur : La gratitude

Il était une fois, dans un village niché entre les montagnes, une petite fille nommée Jade. Jade vivait avec sa grand-mère dans une modeste maisonnette, au pied d'un arbre centenaire.

Chaque jour, Jade voyait ses amis jouer avec leurs nouveaux jouets, parler de leurs dernières aventures ou montrer leurs nouvelles robes. Elle se sentait parfois laissée pour compte car sa grand-mère n'avait pas beaucoup d'argent, et elles vivaient simplement.

Un jour, pour son anniversaire, sa grand-mère lui offrit une petite boîte en bois ornée d'incrustations d'argent. "C'est la boîte mystérieuse de notre famille", lui dit-elle avec un sourire doux. "Elle a le pouvoir de te montrer ce que tu as, plutôt que ce que tu n'as pas."

Intriguée, Jade ouvrit la boîte. À l'intérieur, il y avait un petit miroir. Jade y jeta un coup d'œil et vit son propre reflet. Déçue, elle dit : "C'est juste un miroir, grand-mère. Je ne vois que moi."

Sa grand-mère éclata de rire et dit : "Chaque fois que tu te sens malheureuse ou envieuse, regarde dans ce miroir et pense à trois choses pour lesquelles tu es reconnaissante. Tu verras, cela changera ta vision des choses."

Un jour, en rentrant de l'école, Jade vit ses amis jouer avec un nouveau jeu. Elle se sentit à nouveau laissée pour compte. Se souvenant de la boîte mystérieuse, elle courra chez elle, ouvra la boîte, et regarda dans le miroir. "Je suis reconnaissante pour..." commença-t-elle. "Mon chat qui me fait toujours rire, le repas chaud que grand-mère prépare tous les soirs, et l'arbre centenaire qui me protège."

À sa surprise, le miroir se brouilla, et elle vit son chat, Minou, ronronnant, son repas chaud sur la table, et l'arbre centenaire avec ses feuilles dansant dans le vent. Elle ressentit une chaleur dans son cœur et un sourire sur son visage.

Au fil des jours, Jade utilisa le miroir chaque fois qu'elle se sentait mal. Elle vit son école, ses amis, la rivière qui coulait doucement, les oiseaux qui chantaient chaque matin. Elle pris conscience de tout ce qu'elle avait et qui l'entourait. Son sentiment d'envie et de tristesse s'estompait peu à peu.

Un jour, l'une de ses amies, Lila, la vit sourire tout en regardant dans le miroir de la boîte. "Pourquoi es-tu toujours si heureuse, Jade ?" demanda Lila.

Jade sourit et montra le miroir à Lila. "Regarde à l'intérieur et pense à trois choses pour lesquelles tu es reconnaissante." Lila, sceptique, le fit et, à sa grande surprise, elle se sentit envahie d'un sentiment de bonheur.

La nouvelle se répandi et bientôt, d'autres enfants venèrent voir Jade et sa mystérieuse boîte. Ils ont tous découvert la magie du miroir et le pouvoir de la gratitude. La boîte n'était pas seulement un trésor pour Jade, mais pour tout le village.

Avec le temps, Jade comprit que la vraie magie ne venait pas du miroir, mais de sa capacité à voir le bien dans sa vie et à être reconnaissante. Elle comprit que la gratitude était un choix, et elle choisie de voir la beauté et la bonté tout autour d'elle.

Et ainsi, dans ce village niché entre les montagnes, grâce à une petite boîte et une fillette nommée Jade, tout le monde appris à chérir et à être reconnaissant pour les petites choses de la vie.

Ce que cette histoire nous apprend

Le conte de "La boîte mystérieuse de Jade" nous offre une leçon précieuse sur le pouvoir de la gratitude. Tu te souviens de cette petite boîte que Jade a reçue de sa grand-mère ? Elle lui a appris à voir toutes les belles choses qu'elle avait déjà dans sa vie.

Parfois, nous oublions tout ce que nous avons. Nous regardons les autres et nous voulons ce qu'ils ont. Mais comme Jade l'a découvert, le vrai trésor est d'apprécier les choses simples de la vie : un bon repas, le ronronnement d'un chat ou l'ombre d'un vieil arbre. En pensant à ce que nous avons déjà et en étant reconnaissants pour cela, nous nous sentons heureux et satisfaits.

La gratitude, c'est comme une petite lumière qui éclaire notre cœur. Elle nous fait nous voir le monde d'une manière plus belle et positive. Et le meilleur dans tout ça ? C'est que nous avons tous la capacité d'être reconnaissants. Comme Jade, tu peux choisir de voir tout le bien autour de toi et de le célébrer.

Finalement, cette histoire nous rappelle de chérir chaque instant et de remercier pour toutes les merveilleuses choses que nous avons. Parce que, même sans une boîte mystérieuse, la gratitude peut transformer notre monde.

3 questions pour toi

- ♥ Qu'as-tu ressenti quand Jade a découvert les merveilles de sa boîte et a commencé à apprécier les choses autour d'elle ? Y a-t-il des choses dans ta vie pour lesquelles tu es vraiment reconnaissant ?

- ♥ Si tu avais ta propre boîte mystérieuse, que souhaiterais-tu y trouver pour te rappeler les belles choses de ta vie ? Quelles sont ces petites choses qui te rendent heureux et que tu aimerais chérir ?

♥   Te souviens-tu d'un moment où tu as ressenti de la gratitude pour quelque chose d'inattendu, un peu comme Jade avec sa boîte ? Peux-tu partager cette expérience et expliquer pourquoi c'était si spécial pour toi ?

Le navire sans ancre

Valeur : Le lâcher-prise

Il était une fois, dans un port lointain, un magnifique navire nommé L'Étoile du Matin. C'était le plus grand et le plus resplendissant des navires, avec ses voiles blancs comme la neige et sa coque dorée. Pourtant, malgré sa beauté, L'Étoile du Matin avait une particularité : il n'avait pas d'ancre.

Chaque fois que le navire s'approchait d'un port ou d'une baie pour s'arrêter, il ne pouvait pas. Sans ancre pour le retenir, il était toujours à la merci des vagues et des courants. Les autres navires se moquaient souvent de lui, lui disant qu'il était incomplet.

À bord, le capitaine Lucas était un homme sage. Il disait toujours à son équipage : "L'ancre nous retient, mais elle nous protège aussi des tempêtes. Mais parfois, il faut apprendre à se laisser porter par les vagues, à accepter les surprises de l'océan."

Un jour, alors que L'Étoile du Matin naviguait en haute mer, une tempête redoutable s'annonça. Tous les navires cherchèrent un abri, jetant leurs ancres pour rester en place. Mais L'Étoile du Matin, sans ancre pour le retenir, fut emporté par les vagues puissantes.

Après de longues heures de navigation tumultueuse, le navire et son équipage se retrouvèrent dans des eaux calmes et inconnues. Ils avaient été transportés dans une baie cachée, entourée de montagnes vertes et de cascades brillantes. L'endroit était paisible, rempli de poissons chatoyants et d'oiseaux chantant.

Émerveillé, le jeune moussaillon Max s'écria : "C'est le plus bel endroit que j'ai jamais vu ! Si nous avions eu une ancre, nous ne l'aurions jamais découvert."

Le capitaine Lucas sourit et dit : "C'est vrai, Max. Parfois, il faut savoir lâcher prise et accepter les surprises que la vie nous réserve. C'est ce que notre navire sans ancre nous enseigne."

L'équipage décida de rester dans cette baie secrète pendant quelques jours. Ils pêchèrent, chantèrent et dansèrent, célébrant la beauté de l'inattendu. Et quand il fut temps de repartir, ils levèrent les voiles avec le cœur léger, sachant qu'ils portaient avec eux un précieux secret.

Au retour au port, les autres navires les regardèrent avec étonnement, voyant leur joie et leur énergie renouvelée. "Où étiez-vous pendant la tempête ?" demandèrent-ils.

Le capitaine Lucas répondit simplement : "Nous avons été emportés vers un endroit magique. Un endroit que nous n'aurions jamais découvert si nous avions été retenus."

Ainsi, L'Étoile du Matin et son équipage devinrent une légende parmi les marins. On racontait comment, en lâchant prise et en acceptant les surprises de la vie, ils avaient découvert des merveilles insoupçonnées.

Et chaque fois qu'un enfant demandait à un vieux marin d'où venait cette étoile brillante dans le ciel, il répondait en souriant : "C'est L'Étoile du Matin, le navire sans ancre qui a appris à lâcher prise et à embrasser l'inconnu."

Ce que cette histoire nous apprend

L'histoire du "Navire sans ancre" est une belle leçon sur le lâcher-prise et la découverte de nouvelles aventures. Tu sais, parfois dans la vie, nous essayons tous de nous accrocher à des choses ou à des idées parce que cela nous rassure. C'est un peu comme avoir une ancre qui nous maintient en place. Mais il arrive que cette ancre nous empêche de découvrir de nouvelles choses.

L'Étoile du Matin, sans ancre, a été emporté par une tempête, ce qui pourrait paraître effrayant. Mais grâce à cela, l'équipage a découvert un endroit magique qu'ils n'auraient jamais vu s'ils étaient restés au même endroit. C'est une belle façon de nous montrer que parfois, les surprises et les changements, même s'ils peuvent être effrayants au début, peuvent nous conduire à des expériences merveilleuses.

Alors, la prochaine fois que tu seras confronté à un changement ou à une situation inattendue, penses à cette histoire. Peut-être que, comme L'Étoile du Matin, tu découvriras quelque chose de vraiment spécial en lâchant prise et en laissant la vie te guider. Embrasse l'inconnu et vois où cela te mène !

 3 questions pour toi

- ♥ Peux-tu me raconter une fois où tu as dû lâcher prise et où tout s'est finalement bien passé, un peu comme l'équipage de L'Étoile du Matin ?

- ♥ Si tu étais à bord du navire, comment aurais-tu réagi quand tu as découvert qu'il n'y avait plus d'ancre ? Aurais-tu eu peur ou aurais-tu été motivé par l'aventure ?

- ♥ Imagine que tu as un "ancre" imaginaire qui te retient parfois. Qu'est-ce que ce pourrait être ? Comment pourrais-tu apprendre à "lâcher cette ancre" pour explorer de nouvelles choses dans ta vie ?

La bibliothèque secrète d'Éthan

Valeur : La curiosité intellectuelle

Il était une fois dans un petit village niché entre deux collines, un jeune garçon nommé Éthan. Éthan n'était pas un garçon ordinaire ; sa curiosité était sans limite. Là où les autres enfants se contentaient de jouer dans les champs, Éthan se posait mille et une questions sur le monde qui l'entourait.

Un jour, alors qu'il explorait le grenier de sa grand-mère, Éthan découvrit une porte cachée derrière une vieille armoire. Poussé par la curiosité, il l'ouvra et se retrouva dans une immense bibliothèque remplie de livres de toutes tailles et de toutes couleurs. Chaque livre brillait d'une lueur douce, attirant Éthan comme un papillon vers une flamme.

Il pris un livre intitulé "Les mystères de l'univers" et commença à le feuilleter. À sa grande surprise, les mots quittèrent les pages pour former des images en mouvement autour de lui. Il voyait les étoiles, les planètes et d'autres merveilles de l'univers comme s'il y était.

Bientôt, Éthan passa tout son temps libre dans la bibliothèque secrète. Il voyageait à travers le temps et l'espace, découvrant des civilisations anciennes, des créatures fantastiques et des mondes lointains. Et à chaque fois, il en ressortait avec un esprit plus vif et une soif de connaissance encore plus grande.

Les habitants du village commencèrent à remarquer le changement chez Éthan. Il partageait ses découvertes avec eux, émerveillant petits et grands par ses récits captivants. Ils venaient de loin pour l'écouter et apprendre à leur tour.

Un jour, une vieille femme nommée Mélina s'approcha d'Éthan et lui demanda : "Jeune homme, d'où te vient cette sagesse ?"

Avec un sourire radieux, Éthan répondit : "De la bibliothèque secrète, madame. Elle m'a montré que le monde est plein de merveilles à découvrir si l'on prend le temps de chercher."

Mélina, touchée par sa réponse, avoua être la gardienne de cette bibliothèque. "Je l'ai créé pour les âmes curieuses comme toi", dit-elle. "Mais il est temps pour moi de partir. Voudrais-tu en devenir le gardien ?"

Éthan accepta avec joie. Il passa ses jours à encourager les enfants du village à explorer la bibliothèque, à poser des questions et à chercher des réponses. Grâce à lui, le village est devenu un endroit où la curiosité était célébrée et où l'apprentissage n'avait pas de fin.

Et si jamais tu passes par ce village, cherche un jeune garçon aux yeux brillants qui te montrera la voie vers un monde de découvertes. Car, comme Éthan l'a appris, la vraie magie réside dans la curiosité intellectuelle.

 Ce que cette histoire nous apprend

As-tu apprécié le voyage d'Éthan dans sa bibliothèque magique ? Cette histoire nous montre quelque chose de vraiment particulier.

Tout d'abord, elle nous rappelle combien il est merveilleux d'être curieux. Tu sais, quand tu te demandes pourquoi le ciel est bleu, comment les avions volent, ou pourquoi les chats ronronnent ? Eh bien, c'est ta curiosité qui parle ! Éthan aimait poser des questions et apprendre. Grâce à cela, il a découvert un endroit incroyable et a appris plein de choses fantastiques.

Ensuite, l'histoire nous montre que partager notre savoir avec les autres est un beau cadeau. Quand Éthan a raconté ses découvertes, tout le village s'est rassemblé pour écouter. En partageant, il a rendu tout le monde autour de lui plus heureux et plus intelligent.

Enfin, cette histoire nous dit que nous ne devons jamais arrêter d'apprendre. Le monde est grand, vaste et rempli de mystères. Tout comme Éthan, si tu gardes ton esprit ouvert et curieux, tu découvriras des choses incroyables.

Alors, la prochaine fois que tu te poseras une question, souviens-toi d'Éthan et de sa bibliothèque secrète. Peut-être que toi aussi, tu trouveras un endroit magique pour apprendre !

 3 questions pour toi

- ♥ Si tu avais ta propre bibliothèque secrète comme Éthan, quel type de livres souhaiterais-tu y découvrir et pourquoi ?

- ♥ Éthan a partagé ses découvertes avec tout le village. Peux-tu penser à une fois où tu as appris quelque chose de nouveau et l'as partagé avec tes amis ou ta famille ? Comment cela t'a-t-il fait te sentir ?

- ♥ La curiosité d'Éthan l'a conduit vers de merveilleuses aventures. Qu'est-ce que tu voudrais vraiment apprendre ou découvrir, et comment pourrais-tu commencer à explorer cela dès aujourd'hui ?

10 CONTES MERVEILLEUX POUR LES ENFANTS DE 9 À 12 ANS

Le labyrinthe des échos

Valeur : La réflexion et l'introspection

Il y a bien longtemps, dans un village perché au sommet d'une montagne, se trouvait l'entrée d'un mystérieux labyrinthe appelé le "Labyrinthe des échos". Les légendes racontaient que ce labyrinthe avait le pouvoir de montrer à quiconque osait y entrer les échos de son propre cœur et de son esprit.

Mila, une fillette de 11 ans, vivait dans ce village. Curieuse et intrépide, elle avait souvent entendu les anciens parler du labyrinthe, mais très peu avaient osé y entrer, de peur de se confronter à leurs propres pensées les plus profondes.

Un matin, Mila décida d'explorer le labyrinthe. Elle en parle à son meilleur ami, Jules. "C'est trop dangereux ! Les échos peuvent te perdre", l'avertit-il.

Mila sourit et dit : "Peut-être que se perdre est le meilleur moyen de se trouver."

Elle prend une profonde inspiration et pénètre dans le labyrinthe. Les murs étaient couverts de miroirs, qui reflétaient non pas son apparence, mais ses pensées. Au début, elle vit des souvenirs heureux : des rires, des fêtes, des moments avec sa famille. Mais au fur et à mesure qu'elle avançait, les échos devenaient plus intenses.

Des voix murmurèrent ses doutes, ses peurs, ses regrets. Mila se sentait submergée. Elle entendit une voix dire : "Je ne suis pas assez bien", une autre murmura : "Si seulement je pouvais changer cela."

Mais à chaque carrefour, une version plus âgée d'elle-même l'attendait, offrant des conseils. "Écoute tes pensées, mais ne les laisse pas te définir", dit l'une. "Chaque erreur est une leçon", chuchota une autre.

Mila se rendit compte que ces échos n'étaient pas là pour la tourmenter, mais pour l'aider à se comprendre elle-même. Elle s'assit, prit un moment pour réfléchir, puis décida d'embrasser chaque écho, qu'il soit bon ou mauvais.

Enfin, elle arriva au centre du labyrinthe où un grand miroir l'attendait. Elle s'approcha et y vit toutes les versions d'elle-même. Elle les embrassa une par une, acceptant chaque partie d'elle.

Quand elle sortit du labyrinthe, Jules l'attendait, anxieux. "C'était comment ?" demanda-t-il.

Mila sourit : "C'était un voyage à l'intérieur de moi-même. J'ai appris que pour avancer, je dois accepter et réfléchir sur qui je suis vraiment, avec toutes mes imperfections."

Jules hocha la tête, impressionné. "Peut-être que je devrais essayer moi aussi", dit-il en regardant le labyrinthe.

Mila rit et dit : "Chaque voyage est unique. Mais n'oublie jamais que les échos sont là pour te guider, pas pour te perdre."

Et tandis que le soleil se couchait, les deux amis se dirigèrent vers le village, emportant avec eux les leçons précieuses du Labyrinthe des échos.

Ce que cette histoire nous apprend

L'histoire du "Labyrinthe des échos" n'est pas qu'une simple aventure, c'est aussi une leçon profonde sur la découverte de soi.

Sais-tu que parfois, comme Mila, nous avons tous un labyrinthe intérieur ? C'est un endroit rempli de nos joies, de nos peurs, de nos doutes et de nos espoirs. C'est fascinant, n'est-ce pas ? Mila a appris que pour vraiment comprendre qui elle est, elle doit écouter et accepter tous ces échos, même ceux qui sont un peu effrayants.

C'est un peu comme quand tu réfléchis sur ce que tu aimes, ce que tu n'aimes pas, tes erreurs et tes réussites. C'est par cette introspection, ce voyage à l'intérieur de toi, que tu peux grandir et devenir la meilleure version de toi-même.

N'oublie pas que même si certaines pensées peuvent te sembler difficiles, elles font toutes parties de toi. Et tu sais quoi ? C'est ce mélange unique de pensées et de sentiments qui fait de toi une personne si spéciale.

Enfin, cette histoire nous rappelle que les amis, comme Jules, sont importants. Ils sont là pour nous rappeler qui nous sommes, surtout quand on se sent un peu perdu. Alors, la prochaine fois que tu te poses des questions sur toi-même, rappelle-toi du courage de Mila et du pouvoir du labyrinthe des échos !

 3 questions pour toi

- ♥ Qu'as-tu ressenti lorsque Mila a découvert un écho de ses peurs dans le labyrinthe ? As-tu déjà ressenti quelque chose de similaire dans ta vie et comment l'as-tu surmonté ?

- ♥ Penses-tu que le soutien de Jules a été essentiel pour Mila pendant son voyage ? Qui sont les amis ou membres de ta famille qui t'aident lorsque tu te sens perdu ou confus à propos de toi-même ?

- ♥ Si tu devais imaginer ton propre "Labyrinthe des échos", à quoi ressemblerait-il ? Quels seraient les échos les plus forts et les plus faibles en toi, et comment pourrais-tu apprendre d'eux pour grandir ?

Le royaume sous la mer

Valeur : La préservation de l'environnement

Il était une fois, dans un monde où les continents flottaient au-dessus de vastes océans, un royaume caché sous les vagues, nommé Marinaria.

Marinaria était un royaume lumineux et chatoyant, où d'immenses coraux colorés formaient des palais et où des créatures marines vivaient en harmonie. Au cœur du royaume se trouvait le Palais d'Azura, si grand et si brillant qu'il pouvait être aperçu depuis les profondeurs les plus sombres de l'océan.

La princesse Nalani, héritière du trône, était une jeune fille curieuse, fascinée par les histoires des terres émergées. Elle avait souvent entendu parler des humains, de leurs navires et de leurs villes brillantes. Mais avec ces histoires successives, il y avait aussi des avertissements sur la manière dont ils traitaient leur environnement.

Un jour, alors que Nalani explorait une région éloignée du royaume, elle découvrit quelque chose d'étrange : une nappe épaisse et noire qui empoisonnait l'eau et étouffait la vie marine. C'était du pétrole, venant des navires humains.

Horrifiée, Nalani retourna au palais pour informer son père, le roi Océano. Il convoqua alors une assemblée des créatures marines. "Nos eaux sont menacées", commença le roi. "Mais condamner les humains ne résoudra pas ce problème. Nous devons les éduquer."

Avec une détermination farouche, Nalani décida d'entreprendre un voyage vers la surface pour rencontrer les humains et les sensibiliser à l'impact de leurs actions sur le monde marin. Elle fut accompagnée de Finn, un jeune dauphin audacieux et de Talia, une tortue sage et expérimentée.

Sur terre, le trio rencontra beaucoup de résistance. Les humains étaient sceptiques et se méfiaient de ces étrangers des profondeurs. Mais une jeune fille nommée Luna, passionnée par l'océan, décida d'aider Nalani.

Luna organisa une grande exposition sur la plage, où Nalani montra aux humains la beauté de Marinaria à travers un cristal magique qui projetait des images. Les gens furent émerveillés par la magnificence de ce royaume sous-marin, et furent horrifiés lorsqu'ils virent la destruction provoquée par la pollution.

L'événement fit sensation. Les habitants de la ville prirent des mesures pour nettoyer leurs plages, réduire la pollution et protéger la vie marine. Avec l'aide de Luna, Nalani établit un pont entre les deux mondes, favorisant la compréhension et la préservation de l'environnement.

Finalement, grâce à la persévérance de Nalani et à l'ouverture d'esprit de quelques humains curieux, les eaux autour de Marinaria furent à de nouvelles pures et cristallines.

Nalani retourna dans son royaume, le cœur rempli d'espoir, sachant que la préservation de la beauté naturelle de la terre et de la mer dépendait de la collaboration et de la compréhension mutuelle.

Et ainsi, dans les profondeurs bleues et les plages dorées, commença une nouvelle histoire - celle d'une coexistence harmonieuse entre tous les êtres vivants.

Ce que cette histoire nous apprend

Tu viens de découvrir les profondeurs d'une histoire passionnante, n'est-ce pas ? Tu te demandes peut-être ce qu'elle veut nous enseigner. Alors, parlons-en !

Tout d'abord, cette histoire nous montre la magnificence de l'océan, un endroit mystérieux et merveilleux qui est tout aussi important que la terre où nous vivons. C'est un rappel que chaque partie de notre planète est précieuse et que nous devons en prendre soin.

Nalani a découvert que même si les humains ne voient pas toujours les conséquences de leurs actes, leur impact peut atteindre des lieux lointains comme Marinaria. Il est essentiel d'être conscient de nos actions et de comprendre qu'elles ont des répercussions sur tout ce qui nous entoure.

Aussi, plutôt que de se fâcher contre les humains, Nalani a choisi de les éduquer. Avec l'aide de Luna, elle a montré que lorsque nous travaillons ensemble et écoutons les autres, de grandes choses peuvent se produire.

Finalement, ce conte nous rappelle que la Terre est notre maison à tous, et qu'il est de notre devoir de la protéger. La prochaine fois que tu verras un océan, une rivière ou même un petit ruisseau, souviens-toi de l'importance de préserver ces merveilles pour les générations à venir.

 3 questions pour toi

- ♥ Si tu étais à la place de Nalani, comment te serais-tu en découvrant les déchets humains dans le royaume de Marinaria, et que ferais-tu pour sensibiliser les gens à l'importance de protéger les océans ?

- ♥ Penses-tu que les actions d'une seule personne, comme toi, peuvent vraiment faire une différence pour protéger notre environnement ? Pourquoi ou pourquoi pas ? Et si oui, quel

petit geste souhaite-tu commencer à faire au quotidien ?
- ♥ Quels autres endroits de notre planète, à part les océans, crois-tu qu'il soit essentiel de protéger ? Pourquoi sont-ils importants et comment penses-tu que nous contribuerons à leur préservation ?

L'éclipse du cœur

Valeur : La compréhension et le pardon

Il y a bien longtemps, dans un village nommé Lumaria, les éclipses solaires n'étaient pas de simples phénomènes astronomiques. Elles étaient le reflet du cœur des habitants.

Lumaria était réputée pour sa lumière constante, car le soleil ne se couchait jamais. Mais un jour, une ombre mystérieuse commença à envelopper le soleil, plongeant le village dans une semi-obscurité. Ce fut la première éclipse que Lumaria n'avait jamais connue, et elle était le signe qu'un conflit troublait le cœur de ses habitants.

Deux meilleurs amis, Elara et Orion, étaient au cœur de cette discorde. Une dispute futile au sujet d'un jouet perdu les avait séparés. Les rancunes s'étaient installées, et leurs cœurs étaient devenus lourds, entraînant l'éclipse.

Les anciens du village les réunirent et expliquèrent : "L'éclipse du soleil n'est que le reflet de l'éclipse dans vos cœurs. Pour ramener la lumière, vous devez trouver la lumière dans vos cœurs."

Les deux amis étaient déconcertés. "Mais comment faire ?", demanda Orion.

Elara, les larmes aux yeux, avoua : "Je suis désolée pour le jouet. C'était ma faute."

Orion la serra dans ses bras. "Moi aussi, je suis désolé. J'aurais dû te parler au lieu de te repousser."

Au fur et à mesure que leur conversation se déroulait, une lueur apparaissait entre eux, grandissant en intensité. La lumière provenait de leurs cœurs, se mêlant et s'élevait vers le ciel.

Le village tout entier observait, émerveillé, la puissance de leur pardon. Peu à peu, l'ombre commença à se retirer, et le soleil retrouva sa splendeur, illuminant à nouveau Lumaria.

Cet événement est devenu légendaire, et chaque fois que les habitants ressentaient une ombre sur leurs cœurs, ils se rappelaient l'histoire d'Elara et d'Orion. Ils se parlaient, se comprenaient et se pardonnaient, car ils savaient que la vraie lumière provenait de l'intérieur, du cœur.

Et c'est ainsi que Lumaria est devenue le village où le soleil ne se couche jamais, car ses habitants avaient appris la valeur de la compréhension et du pardon.

Ce que cette histoire nous apprend

As-tu déjà été en colère ou fâché contre un ami ou un membre de ta famille ? C'est un sentiment normal, mais cette histoire nous rappelle quelque chose de très précieux : l'importance de la compréhension et du pardon.

L'éclipse dans le village de Lumaria était comme une grande ombre sur le cœur de tout le monde, n'est-ce pas ? C'est ce qui arrive quand nous gardons de la rancœur ou de la colère en nous. Ça obscurcit notre joie, tout comme l'éclipse a caché le soleil.

Elara et Orion, les deux amis, nous montrent comment la communication et l'expression de nos sentiments peuvent réparer même les plus grands litiges. En reconnaissant leurs erreurs et en demandant pardon, ils ont non seulement retrouvé leur amitié, mais ont aussi ramené la lumière dans leur village. Incroyable, non ?

Ce conte nous enseigne que, parfois, dire "je suis désolé" peut être la clé pour éclairer les jours les plus sombres. Et toi aussi, tu as cette lumière en toi ! La prochaine fois que tu te sentiras fâché ou blessé, rappelle-toi de l'histoire d'Elara et d'Orion. Parler, comprendre, et pardonner peuvent faire briller à nouveau le soleil dans ton cœur.

 3 questions pour toi

- ♥ Pense à un moment où tu as eu un désaccord avec quelqu'un. Comment te sentais-tu et qu'aurais-tu aimé que l'autre personne comprenne à propos de tes sentiments ?

- ♥ Si tu étais à la place d'Elara ou d'Orion, que penses-tu que tu aurais fait différemment ? Et pourquoi ?

- ♥ Imagine que tu es le soleil dans cette histoire. Comment te sentirais-tu en voyant les habitants de Lumaria en conflit ? Quel conseil leur donnerais-tu pour rétablir la lumière et la joie dans leur village ?

Le guerrier de l'ombre

Valeur : Le courage moral et l'intégrité

Il était une fois, dans un royaume lointain éclairé par deux lunes, un jeune garçon du nom de Lian. Il vivait dans un petit village entouré de montagnes majestueuses, où les légendes parlaient de guerriers courageux qui défendaient le royaume contre les forces obscures.

Le village était paisible, mais ces derniers temps, une ombre inquiétante s'était étendue sur les terres, apportée par un mystérieux sorcier. Il promettait de la richesse et du pouvoir à quiconque acceptait de le suivre. Beaucoup furent tentés et abandonnèrent leurs valeurs pour le rejoindre.

Lian avait toujours été fasciné par les récits de ces guerriers légendaires. Un soir, alors qu'il s'aventurait près d'une grotte, il tomba sur une vieille épée gravée d'une lune. Une voix retentit alors, celle de la Lune elle-même : "Lian, il est temps de combattre l'ombre, non avec cette épée, mais avec ton cœur."

Il réalisa alors que la véritable bataille n'était pas contre le sorcier, mais contre la tentation du pouvoir facile et la perte de l'intégrité. Avec détermination, Lian décida d'affronter le sorcier, non pas en duel, mais en imposant de rappeler à ses compatriotes leurs véritables valeurs.

Il commença par écouter ceux qui avaient été séduits par le sorcier, comprenant leurs peurs et leurs espoirs. Ensuite, avec patience et persévérance, il leur rappela l'importance de l'intégrité, de rester fidèle à soi-même et de faire ce qui est juste, même lorsque c'est difficile.

Le sorcier, voyant sa puissance diminuer, défia Lian en duel. Mais au lieu de se battre, Lian posa son épée et parla au sorcier : "Ton pouvoir ne vient que de la peur et de la manipulation. Je te défie non avec une épée, mais avec la vérité."

La confrontation entre le jeune guerrier et le sorcier fut intense. Mais finalement, devant le courage moral et l'intégrité de Lian, le sorcier fut vaincu, non par la force, mais par la prise de conscience de ses propres actes.

Le village fut libéré de l'ombre, et Lian devint une légende, non pas comme un grand combattant, mais comme le guerrier qui avait vaincu avec le cœur et l'esprit.

Les années passèrent, et bien que le royaume connût d'autres défis, les habitants se souvinrent toujours de la leçon de Lian : le véritable courage ne réside pas dans la force physique, mais dans la capacité à rester fidèle à ses convictions et à faire ce qui est juste, même face à l'adversité.

Et chaque fois que les deux lunes brillaient dans le ciel, les enfants du village se rappelaient l'histoire du guerrier de l'ombre qui avait combattu avec le courage du cœur. Et ils savaient que, eux aussi, pouvaient être des héros à leur manière, en faisant preuve d'intégrité et de courage moral.

 ## Ce que cette histoire nous apprend

L'histoire "Le guerrier de l'ombre" nous offre une belle leçon sur la véritable nature du courage et de l'intégrité. Lian, notre jeune héros, nous montre que le vrai courage ne vient pas toujours de la force physique, mais de la force du cœur et de l'esprit.

Tout d'abord, cette histoire nous rappelle que la tentation est partout.

Comme le sorcier qui promettait pouvoir et richesse, parfois, la vie nous offre des raccourcis. Mais ces choix faciles peuvent nous éloigner de ce qui est juste et bon. Lian a choisi de ne pas céder à ces tentations, et cela a fait toute la différence.

Ensuite, Lian nous montre que comprendre et écouter les autres est une grande force. Au lieu de combattre avec violence, il a choisi d'écouter et de parler avec son cœur, rappelant à tous l'importance d'être fidèle à soi-même.

Enfin, l'histoire nous enseigne que chacun d'entre nous a le pouvoir de faire une différence, si nous restons fidèles à nos convictions et agissons avec intégrité.

Donc, la prochaine fois que tu te retrouveras face à un choix difficile, souviens-toi de Lian et de son courage. Rappelle-toi que le vrai courage vient du cœur, et que l'intégrité est le trésor le plus précieux que tu puisses posséder.

 3 questions pour toi

- ♥ As-tu déjà été tenté de faire quelque chose parce que c'était le chemin le plus facile, même si tu savais au fond de toi que ce n'était pas le bon choix ? Comment t'es-tu senti et comment as-tu géré cette situation ?

- ♥ Lian a montré du courage en écoutant son cœur plutôt qu'en utilisant la force. Peux-tu penser à une situation où tu as dû montrer du courage d'une manière inattendue, en écoutant ta propre voix intérieure ?

- ♥ Quelle est, selon toi, la différence entre avoir du courage physique (comme être fort ou rapide) et avoir du courage moral (comme être honnête et juste) ? Pourquoi penses-tu que l'intégrité est si importante dans la vie ?

La plume d'or d'Amara

Valeur : Le pouvoir de l'expression

Il était une fois, dans un royaume lointain, une jeune fille nommée Amara qui possédait un plume d'or très spécial. Lorsqu'elle écrivait avec cette plume, les mots prenaient vie, transformant les émotions et les pensées en réalités tangibles.

Amara était une observatrice silencieuse, écoutant attentivement les gens du village. Elle entendait souvent des chuchotements de tristesse, de peur ou de colère. Mais elle avait aussi été témoin de moments de joie, d'amour et d'espoir. Elle voulait aider les villageois à exprimer leurs émotions, alors elle écrivait leurs sentiments sur de grands parchemins, et à chaque fois, le village se transformait.

Un jour, un marchand cynique du nom de Grisven arriva au village. Voyant la plume d'or d'Amara, il proposa un marché : en échange de la plume, il offrirait à Amara toute la richesse qu'elle désirait. Amara refusa poliment, sachant que le pouvoir de l'expression était bien plus précieux que tout l'or du monde.

Grisven, frustré, décida de discréditer Amara. Il raconta des histoires fausses et blessantes sur elle, essayant de la rendre impopulaire. Mais Amara, au lieu de se défendre avec colère, utilisa sa plume pour écrire un récit qui parlait d'amour, de compréhension et de vérité.

À la surprise de tous, y compris de Grisven, une douce lumière dorée émanait du parchemin. Les mots dansaient, formant des images vivantes qui racontaient l'histoire d'Amara, son amour pour le village et la véritable intention derrière sa plume d'or.

Le cœur de Grisven fut touché par le récit. Lui, qui avait toujours utilisé les mots pour tromper et manipuler, se rendit compte du véritable pouvoir de l'expression honnête et authentique. Les villageois, également émus par l'histoire, embrassèrent à nouveau Amara, reconnaissant son dévouement envers eux.

Grisven s'excusa auprès d'Amara et demanda si elle pouvait lui apprendre à écrire avec sincérité et amour. Amara, avec un sourire chaleureux, accepta et lui offrit une plume d'argent, lui disant que bien que sa plume n'ait pas le pouvoir magique de la sienne, la vérité et l'amour qu'il mettrait dans ses mots serait tout aussi puissant.

Le village est devenu un lieu d'expression, où chacun se sentait libre de partager ses émotions, ses rêves et ses espoirs. Les gens venaient de loin pour écouter les histoires écrites par Amara et Grisven, rappelant à tous le pouvoir incroyable des mots quand ils sont prononcés avec le cœur.

Et ainsi, dans un royaume autrefois silencieux, les voix des gens résonnaient avec amour, courage et authenticité, le tout grâce à une simple plume d'or et à une jeune fille qui croyait en la magie de l'expression.

 Ce que cette histoire nous apprend

Le conte "La plume d'or d'Amara" nous révèle le merveilleux pouvoir des mots. Lorsque nous choisissons d'exprimer nos sentiments et nos pensées avec sincérité et bienveillance, nous avons la capacité de toucher les cœurs et de transformer le monde autour de nous.

Amara nous montre qu'il ne faut pas réagir aux critiques ou aux malentendus avec colère ou frustration. Au lieu de cela, elle a choisi d'utiliser ses mots pour raconter une histoire d'amour et de vérité. Ce faisant, elle a non seulement changé l'opinion de ceux qui l'entouraient, mais a aussi touché le cœur du marchand Grisven, lui montrant la véritable beauté de l'expression authentique.

Ce conte nous rappelle aussi que notre valeur ne se mesure pas à nos possessions matérielles. Bien que la plume d'or d'Amara possédait une magie spéciale, c'était son cœur généreux et sa foi en la bonté des gens qui lui donnaient vraiment son pouvoir.

La prochaine fois que tu souhaites partager tes pensées ou tes sentiments, souviens-toi d'Amara. Rappelle-toi que chaque mot que tu prononces ou écris, a le potentiel d'illuminer la journée de quelqu'un et de faire une différence positive dans le monde.

 3 questions pour toi

- ♥ Penses-tu que les mots ont le pouvoir de changer la façon dont quelqu'un se sent ? Peux-tu te souvenir d'un moment où quelqu'un t'a dit quelque chose qui t'a rendu très heureux ou triste ?

- ♥ Si tu avais une plume magique comme celle d'Amara, comment l'utiliserais-tu pour rendre le monde meilleur ou aider quelqu'un que tu connais ?

- ♥ Amara a choisi de raconter des histoires d'amour et de vérité pour répondre à la critique. Si tu étais à sa place, quelle histoire aimerais-tu raconter pour montrer la beauté et la puissance des mots bien choisis ?

Le gardien des horloges

Valeur : La gestion du temps et des priorités

Il y a bien longtemps, dans un village perché à flanc de montagne, se trouvait une boutique pas comme les autres. À première vue, on aurait dit une simple boutique d'horloges. Mais pour ceux qui connaissaient son secret, elle représentait bien plus que cela. Cette boutique était gardée par un vieil homme nommé Mael, le gardien des horloges.

Chaque horloge de la boutique était unique. Non seulement par sa forme, sa couleur ou son mécanisme, mais surtout parce qu'elle représentait le temps d'une vie. Dès la naissance d'un enfant dans le village, une horloge était mise en mouvement pour lui. La légende disait que le mouvement des aiguilles influençait le cours de leur vie.

Un jour, un garçon nommé Elio entra dans la boutique. Fasciné par les horloges, il demanda à Mael : "Pourquoi certaines horloges tournent-elles plus vite que d'autres ?"

Mael sourit et répond : "Chaque horloge suit le rythme de la personne à qui elle est liée. Certaines personnes laissent leur temps s'échapper sans vraiment le vivre. D'autres choisissent de chérir chaque instant."

Elio réfléchit puis dit : "Je veux que mon temps compte. Comment puis-je faire ?"

Le vieil homme le guida vers une horloge particulière, plus grande que les autres. "C'est l'Horloge des Priorités", expliqua Maël. "Elle t'aidera à voir ce qui est vraiment important dans ta vie."

Elio regardait l'horloge et vit plusieurs petits engrenages à l'intérieur, chacun représentant un aspect de sa vie : famille, amis, loisirs, rêves... En tournant certains boutons, il pouvait accorder plus ou moins de temps à chaque engrenage.

"Choisis bien", conseilla Mael. "Il ne s'agit pas seulement de compter les heures, mais de rendre chaque heure importante."

Au fil des années, Elio visita régulièrement la boutique. Avec l'aide de Mael, il apprit à gérer son temps, à donner la priorité à ce qui comptait vraiment pour lui. Il passa plus de temps avec sa famille, poursuivait ses passions et chercha toujours à apprendre et à grandir.

Puis, le temps passa, et un jour, Mael ne fut plus. La boutique fut léguée à Elio. Et bien qu'il fût attristé par le départ de son vieil ami, Elio comprit que c'était à son tour de guider les autres à travers le mystère des horloges.

Des années plus tard, une jeune fille entra dans la boutique avec les mêmes yeux curieux qu'Elio autrefois. Elle se tourna vers lui et demanda pourquoi certaines horloges allaient plus vite que d'autres. Elio sourit, pensant à Mael, et commença à lui raconter l'histoire des horloges et l'importance de chérir chaque instant.

Et ainsi, de génération en génération, le message du gardien des horloges perdura, rappelant à tous l'importance de la gestion du temps et des priorités dans la vie.

 Ce que cette histoire nous apprend

L'histoire du gardien des horloges est vraiment originale, n'est-ce pas ? Elle nous montre quelque chose d'essentiel sur la façon dont nous vivons nos vies. Tu as remarqué que chaque horloge représentait la vie de quelqu'un ? C'est un peu comme si nous avions tous notre propre minuterie, qui tourne à chaque seconde.

L'une des grandes leçons de cette histoire est que le temps est précieux. Ce n'est pas juste les heures et les minutes qui défilent, mais comment nous les utilisons. Elio a appris avec Mael qu'il ne s'agit pas de laisser les aiguilles tourner, mais de rendre chaque instant mémorable et important.

L'Horloge des Priorités nous enseigne aussi à choisir ce qui est vraiment essentiel pour nous. Peut-être est-ce passer du temps avec ta famille, jouer avec tes amis ou suivre tes passions. Chaque choix que tu fais impacte la façon dont ton "horloge" tourne.

Enfin, n'oublie pas que, tout comme Elio a pris la relève de Mael, nous avons tous la responsabilité de transmettre les précieuses leçons que nous apprenons. Chérir notre temps, donner la priorité à ce qui compte vraiment, et enseigner aux autres à faire de même sont les clés d'une vie bien vécue. Alors, quelle sera ta priorité aujourd'hui ?

3 questions pour toi

- ♥ Si tu avais une "Horloge des Priorités" comme dans l'histoire, que voudrais-tu qu'elle montre comme étant le plus important pour toi ? Pourquoi ?

- ♥ Imaginons que tu es le Gardien des Horloges pour une journée. Quelle serait la première chose que tu ferais pour t'assurer que tout le monde utilise son temps de la meilleure façon possible ?

- ♥ Penses-tu qu'il soit important de prendre du temps pour soi, même quand on est très occupé ? Comment peux-tu t'assurer de garder un équilibre entre les choses à faire et les moments pour toi- ?

L'arbre aux mille voix

Valeur : L'écoute active et la communication

Il était une fois, dans un village niché entre deux montagnes, un arbre aux mille voix. Il était aussi vieux que les étoiles et aussi majestueux que le soleil. Ses feuilles étaient d'argent, et chaque fois que le vent les caressait, une mélodie unique se faisait entendre.

Dans le village, il y avait une fillette prénommée Lia. Curieuse et vive, elle était fascinée par cet arbre. Elle avait souvent entendu ses parents dire que quiconque s'asseyait sous ses branches pouvait entendre les voix du passé, des murmures de sagesse et des chansons d'espoir. Mais il y avait une condition : il fallait vraiment savoir écouter.

Un jour, poussé par la curiosité, Lia décida d'aller à l'arbre. Elle s'assit, ferma les yeux et se concentra. Au début, elle n'entendit que le doux murmure du vent. Mais peu à peu, elle perçut des voix.

Elle entendit une voix douce, celle d'une mère chantant une berceuse. Puis, une voix forte, celle d'un chef partageant sa vision avec la tribu. Elle écouta chaque voix avec attention, essayant de comprendre le message caché.

Tout à coup, une voix familière retentit : c'était celle de sa grand-mère, disparue il y a quelques années. La voix parlait de l'importance de l'écoute et de la communication. "Écouter, c'est ouvrir son cœur. Parler, c'est partager son âme", disait-elle.

Lia était émue. Elle réalisa que bien souvent, elle parlait sans écouter, ou écoutait sans vraiment entendre. Elle repensa à tous ces moments où elle avait interrompu ses amis ou ignoré ce que ses parents lui disaient.

La voix de sa grand-mère continua : "La communication est comme un pont entre les cœurs. Si l'un parle et l'autre n'écoute pas, le pont s'effondre."

Lia repensa à une dispute qu'elle avait eue avec son meilleur ami, Tom. Elle s'était emportée sans vraiment l'écouter. Elle se leva, décidée à aller lui parler et à vraiment l'écouter cette fois-ci.

En chemin, elle rencontra Tom. Avant qu'elle n'ait pu dire un mot, il s'excusa pour ce qu'il avait dit. Lia sourit et lui dit : "Je suis désolée aussi. Je n'ai pas vraiment écouté ce que tu avais à dire."

Les deux amis se prirent dans les bras, heureux de s'être retrouvés. Ils décidèrent d'aller à l'arbre ensemble. Assis côte à côte, ils écoutèrent les voix, partageant les histoires et les émotions qu'ils ressentaient.

Les jours passèrent, et l'arbre devint un lieu de rencontre pour tous les enfants du village. Ils apprirent l'importance de l'écoute active et de la communication. Ils réalisaient que chaque voix avait une histoire, une émotion, une leçon à partager.

L'arbre aux mille voix est devenu le symbole du village. Un symbole de connexion, de compréhension et d'amour. Les habitants s'assirent souvent sous ses branches, écoutant les voix du passé et partageant leurs propres histoires.

Et ainsi, grâce à Lia et à l'arbre, le village devint un lieu de paix, d'harmonie et de bonheur. Où chaque voix était entendue, chaque cœur compris, et chaque âme partagée.

Et même aujourd'hui, si tu passes près de cet arbre, ferme les yeux, ouvre ton cœur et écoute. Tu entendras peut-être une voix familière, un murmure du passé, ou une chanson d'espoir. Car l'arbre aux mille voix a beaucoup à dire, si seulement tu prends le temps d'écouter.

Ce que cette histoire nous apprend

"L'arbre aux mille voix" est une histoire magique qui nous raconte une leçon très importante sur l'écoute et la communication. Tu sais, parfois, nous parlons et parlons sans vraiment nous arrêter pour écouter ce que les autres ont à dire. Ce conte nous rappelle combien il est précieux de vraiment écouter les gens autour de nous.

Lia, la jeune fille de l'histoire, nous montre que lorsque nous prenons le temps d'écouter, nous pouvons découvrir de merveilleuses histoires et de précieux conseils. Écouter, c'est comme ouvrir une porte à un tout nouveau monde d'émotions, d'histoires et d'idées. C'est un peu comme si on devenait des détectives à la recherche de trésors cachés dans les mots des autres !

Et ce n'est pas tout ! L'histoire nous enseigne aussi que la communication ne s'arrête pas à l'écoute. Il est tout aussi important de partager nos propres sentiments et nos pensées. Quand nous parlons et écoutons avec le cœur, nous construisons des ponts d'amitié et de compréhension.

Alors, la prochaine fois que tu voudras parler avec quelqu'un, souviens-toi de l'arbre aux mille voix et de sa magie. Prend une inspiration profonde, ouvre grands tes oreilles et ton cœur, et découvre les merveilles de l'écoute et de la communication.

3 questions pour toi

♥ Comment te sentirais-tu si tu étais à la place de Lia, assis(e) sous l'arbre et entendant toutes ces voix ? Qu'aimerais-tu entendre de l'arbre pour t'aider dans ta vie quotidienne ?

♥ Pense à un moment où tu aurais aimé être mieux écouté(e)

ou bien où tu aurais aimé écouter quelqu'un plus attentivement ? Que ce serait-il passé si tu avais pris le temps d'écouter ou que l'on t'avait écouté ?

♥ Si tu pouvais partager une histoire ou un sentiment avec l'arbre aux mille voix pour que d'autres enfants l'entendent dans le futur, quelle serait cette histoire ou ce sentiment, et pourquoi aimerais-tu la partager ?

Le marché des rêves perdus

Valeur : La persévérance et la résilience

Il était une fois, dans une petite ville nommée Luméria, un marché très particulier qui n'apparaissait que lors de la nuit la plus sombre de l'année. On l'appelait le "marché des rêves perdus".

Dans Luméria, chaque enfant naissait avec un rêve niché au creux de leur main, sous forme d'une petite étoile brillante. Mais parfois, face aux épreuves de la vie, certains perdaient leur étoile, et donc leur rêve.

Ella, une fillette aux boucles d'or et aux yeux pleins de curiosité, avait perdu son rêve suite à une terrible tempête qui avait emporté sa maison. Depuis ce jour, elle cherchait désespérément une façon de retrouver son étoile.

Un soir, alors qu'elle errait dans les ruelles de Luméria, une vieille femme mystérieuse lui parla du marché des rêves perdus. "C'est là que vont tous les rêves égarés. Si tu es déterminé et que ton cœur est pur, tu pourras retrouver le tien."

Le soir de la nuit la plus sombre, Ella se rendit au marché. Des étals étincelants s'étalaient à perte de vue, chacun contenant des milliers d'étoiles scintillantes. Ella était à la fois émerveillée et dépassée. Comment allait-elle retrouver son rêve parmi tant d'autres ?

Alors qu'elle avançait, un marchand lui tendit une étoile. "Est-ce la tienne ?" demanda-t-il. Ella la pris dans ses mains, mais elle ne ressentit rien.

"Ce n'est pas la mienne, mais merci", dit-elle, continuant son chemin. Elle rencontra plusieurs marchands, mais aucun n'avait son étoile.

Au bord des larmes, Ella s'assit sur un banc. Une fillette à la peau d'ébène et aux cheveux noirs comme la nuit s'assit à côté d'elle. "Tu as perdu ton rêve aussi ?" demanda-t-elle. Ella hocha la tête.

"Je m'appelle Lina", dit la fillette, "et j'ai une idée. Au lieu de chercher parmi les étoiles, pourquoi ne pas se rappeler de notre rêve le plus profond et le laisser nous guider ?"

Ella ferma les yeux, se rappelant de sa maison, de la chaleur du foyer, des rires partagés avec sa famille. Elle sentit une chaleur dans sa main. Lorsqu'elle ouvrit les yeux, son étoile brillait doucement entre ses doigts.

Lina sourit. "Tu vois, parfois, il ne s'agit pas de chercher, mais de se souvenir. De croire. Et de ne jamais abandonner."

Les deux filles se levèrent, tenant fermement leurs étoiles. Elles quittèrent le marché, sachant que même si la vie pouvait leur prendre leur rêve, elles avaient le pouvoir de le retrouver.

Et dans Luméria, une nouvelle tradition commença. Chaque année, lors de la nuit la plus sombre, les enfants se réunissaient pour partager leurs rêves, rappelant à chacun l'importance de la persévérance, de la résilience, et de croire en soi. Et Ella et Lina, avec leurs étoiles brillantes fièrement dans leurs mains, devinrent un symbole d'espoir pour tous.

Ce que cette histoire nous apprend

"L'histoire du marché des rêves perdus" est vraiment unique, n'est-ce pas ? Elle nous raconte une histoire magique, mais aussi une leçon très précieuse sur la vie.

Tout d'abord, le conte nous rappelle que chacun de nous a des rêves. Parfois, la vie peut être compliquée et on peut se sentir comme si nos rêves nous échappaient. Mais ce n'est pas parce que nous les perdons qu'ils disparaissent pour toujours. Ella a cherché son rêve parmi des milliers d'étoiles, mais c'est en se rappelant et en ressentant son rêve qu'elle a pu le retrouver.

Ce qui nous amène à la leçon la plus importante de cette histoire : la persévérance et la résilience. Même lorsque les choses sont difficiles, ne jamais abandonner. Toujours croire en soi et se souvenir de ce que l'on veut vraiment. Parfois, il ne s'agit pas de chercher ailleurs, mais de se tourner vers notre cœur et de retrouver ce qui est important pour nous.

Alors, rappelle-toi toujours, peu importe les obstacles que tu rencontres, garde espoir, crois en tes rêves et n'oublie jamais de te rappeler de ce qui compte le plus pour toi ! Et qui sait ? Comme Ella, tu pourrais retrouver ton étoile quand tu t'y attends le moins.

 3 questions pour toi

- ♥ Si tu avais une étoile-rêve comme Ella, à quoi ressemblerait ton rêve le plus précieux ? Pense à des moments où tu t'es senti découragé, comment pourrais-tu utiliser la leçon de cette histoire pour t'aider ?

- ♥ Ella a trouvé son rêve en se souvenant de moments heureux et en ressentant des émotions fortes. Quels souvenirs te rendent heureux(se) et te rappellent l'importance de persévérer dans la vie ?

- ♥ Lina a donné un précieux conseil à Ella. A-t-on déjà partagé avec toi un conseil qui t'a aidé dans un moment difficile ? Sinon, comment pourrais-tu aider un ami à se rappeler de ses rêves quand il se sent perdu ou découragé ?

Le carnet secret de Camille

Valeur : La confiance en soi et l'affirmation

Il était une fois, dans un village niché entre les montagnes, une jeune fille nommée Camille. Elle avait de grands yeux rêveurs, une cascade de boucles brunes et une passion débordante pour l'écriture. Chaque soir, elle écrivait ses pensées, ses rêves et ses espoirs dans un petit carnet à couverture bleue.

Camille était douée pour observer les gens et raconter des histoires, mais elle avait une grande timidité. Elle craignait le jugement des autres et gardait donc son carnet secret comme son trésor le plus précieux.

Un jour, alors qu'elle se rendait à l'école, une bourrasque de vent arracha son carnet de ses mains, et il tomba aux pieds de Léo, le garçon le plus populaire de l'école. Léo ramassa le carnet et, intrigué, commença à le lire. Camille rougit violemment, prit son carnet et s'enfuit sans un mot.

Le lendemain, Léo s'approcha de Camille. "J'ai lu certaines de tes histoires", dit-il doucement. "Elles sont incroyables. Pourquoi caches-tu un tel talent ?" Camille baissa la tête, honteuse. "Je… j'ai peur de ce que les autres pourraient dire."

Léo sourit. "Et si nous organisions une soirée de lecture ? Tu pourrais partager tes histoires avec tout le monde." L'idée terrifiait Camille, mais une petite voix en elle lui disait de saisir cette chance.

Le soir de l'événement, la salle était comble. Camille, tremblante, monta sur scène. Elle commença à lire une histoire sur une jeune fille qui, malgré ses peurs, réussissait à gravir la plus haute montagne du monde. À mesure qu'elle lisait, sa voix gagnait en assurance. Quand elle eut terminé, la salle éclata en applaudissements. Des larmes de joie coulèrent sur les joues de Camille.

Elle se rendit compte que sa peur la retenait, mais que le partage de son don apportait de la joie à d'autres. Camille décida d'ouvrir un club d'écriture à l'école, où chacun pourrait partager ses écrits et apprendre à avoir confiance en soi.

Des années plus tard, alors que Camille était devenue une auteure reconnue, elle se souvenait toujours de cette soirée qui avait changé sa vie. Elle garde toujours avec elle le petit carnet bleu, comme un rappel que croire en soi est le premier pas vers la réalisation de grands rêves.

Ce que cette histoire nous apprend

"L'histoire du carnet secret de Camille" nous emmène dans un voyage merveilleux sur la découverte de soi et le courage d'être soi-même. Ce conte nous montre que chacun de nous possède un talent unique, quelque chose de spécial qui nous rend différent des autres. Pour Camille, c'était sa capacité à écrire des histoires captivantes.

Pourtant, même avec ce talent incroyable, Camille avait peur de le montrer aux autres. Elle craignait d'être jugée ou moquée. C'est quelque chose que beaucoup d'entre nous ressentons parfois, n'est-ce pas ? Mais lorsque son secret a été découvert, elle a réalisé que ses craintes étaient infondées. Les gens ont non seulement aimé ce qu'elle faisait, mais ils ont été inspirés par elle !

Ce conte nous enseigne que c'est en partageant nos dons et en étant vraiment nous-mêmes que nous pouvons toucher le cœur des autres. Il ne faut pas laisser nos peurs nous retenir. Souvent, ce que nous considérons comme nos plus grandes faiblesses peuvent en réalité être notre plus grande force.

Alors, la prochaine fois que tu ressentiras le besoin de cacher quelque chose que tu aimes faire ou quelque chose dans laquelle tu es doué, souviens-toi de Camille. Crois en toi, car le monde a besoin de voir la merveilleuse personne que tu es !

 3 questions pour toi

- ♥ As-tu déjà eu un moment dans ta vie où tu doutais de toi-même, comme Camille ? Comment l'as-tu surmonté ou qu'aurais-tu aimé avoir ou savoir pour t'aider ?

- ♥ Si tu avais un carnet magique comme celui de Camille, que voudrais-tu y écrire et pourquoi ? Penses-tu que le fait d'écrire sur tes rêves et tes peurs pourrait t'aider à mieux les comprendre ?

- ♥ Camille a appris à voir ses qualités et à croire en elle-. Peux-tu nommer trois choses que tu aimes chez toi ? Comment pourrais-tu les utiliser pour aider les autres ou réaliser tes rêves ?

Les étoiles filantes d'Iris

Valeur : L'espoir et l'optimisme

Il y a bien longtemps, dans un village lointain, le ciel était parsemé d'étoiles brillantes toute l'année. Mais une nuit, une étoile plus lumineuse que les autres tomba du ciel. Ce fut le début du phénomène des étoiles filantes dans le village.

La petite Iris, une fillette curieuse aux cheveux auburn, était fascinée par ces étoiles qui glissaient dans le ciel comme de douces larmes d'espoir. Elle avait souvent entendu dire qu'une étoile filante pouvait exaucer un vœu, et elle voulait y croire de tout son cœur.

Un soir, alors qu'Iris contemplait le ciel, sa grand-mère vint s'asseoir à côté d'elle. "Ces étoiles filantes, chérie, elles te rappellent d'espérer et de rêver grand", murmura-t-elle.

Mais le village traversait une période difficile. Les récoltes étaient maigres, et le moral des habitants était au plus bas. Les étoiles filantes semblaient s'éteindre peu à peu, tout comme l'espoir des villageois.

Un soir, Iris eu une idée. Elle réunit tous les enfants du village et leur proposa de dessiner leurs espoirs et leurs rêves sur de grands draps blancs. Ces dessins étaient illuminés par des lucioles, créant ainsi un magnifique tableau d'étoiles filantes. Les villageois furent émerveillés par cette vue, et petit à petit, leur espoir commença à renaître.

Lors de la fête annuelle du village, Iris et les enfants présentèrent leur projet. Ils racontèrent à tout le monde comment l'espoir pouvait naître de petites choses et comment il était important de croire en des jours meilleurs, même lorsque tout semblait perdu.

La nuit suivante, alors qu'Iris regardait le ciel, elle vit une étoile filante plus brillante que jamais. Elle fit un vœu, non pas pour elle, mais pour tout le village : qu'ils ne perdent jamais espoir, peu importe les défis qu'ils rencontrent.

Les années passèrent, et le village prospéra à nouveau. Les récoltes étaient abondantes, et le bonheur était de retour. Mais ce qui était encore plus étonnant, c'est que chaque année, lors de la fête du village, les étoiles filantes illuminaient le ciel, rappelant à chacun l'importance de l'espoir et de l'optimisme.

Et même si la petite Iris grandit et devient une femme sage et respectée, son message d'espoir persista. Elle est devenue une légende, et chaque fois qu'une étoile filante traversait le ciel, les villageois se souvenaient de la petite fille aux cheveux auburn qui leur avait appris à croire en des jours meilleurs.

 Ce que cette histoire nous apprend

Le merveilleux conte des étoiles filantes d'Iris nous offre une belle leçon sur l'espoir et l'optimisme.

Tout d'abord, même lorsque les choses semblent sombres et difficiles, comme c'était le cas pour les villageois, il est essentiel de garder espoir. L'espoir est comme une petite lumière à l'intérieur de nous qui nous rappelle que les choses peuvent s'améliorer. Iris n'a pas laissé la tristesse du village s'éteindre son espoir. Elle a choisi de le partager avec les autres et de les aider à retrouver leur propre lumière.

De plus, le geste d'Iris de rassembler tous les enfants pour dessiner leurs rêves nous montre que chacun de nous a le pouvoir de faire une différence. Nous n'avons pas besoin d'attendre d'être grands ou puissants pour apporter du bonheur et de l'espoir à notre entourage. Même une petite action, comme dessiner ou partager un sourire, peut avoir un grand impact.

Enfin, les étoiles filantes d'Iris nous enseignent que l'optimisme est contagieux. Quand une personne croit en des jours meilleurs et partage cette croyance avec d'autres, cela peut inspirer tout un groupe, voire tout un village, à voir le monde sous un jour plus lumineux.

Alors, la prochaine fois que tu verras une étoile filante, souviens-toi de la petite Iris et de sa leçon précieuse : garde toujours espoir et crois en des jours meilleurs.

 3 questions pour toi

- ♥ Qu'as-tu ressenti lorsque les villageois ont commencé à voir leurs propres rêves et espoirs dans les étoiles filantes grâce à Iris ? Crois-tu que les actions d'une seule personne peuvent vraiment inspirer et changer toute une communauté ? Pourquoi ?

- ♥ Imagine que tu possèdes ta propre étoile filante, comme Iris. Quel rêve ou espoir voudrais-tu y inscrire pour toi-même et pour les autres ? Comment pourrais-tu contribuer, même de manière modeste, à rendre ce rêve réalité dans ta propre vie ?

- ♥ Y a-t-il déjà eu des moments dans ta vie où tu as senti que tout était sombre ou difficile, comme c'était le cas pour les villageois ? Qu'est-ce qui t'a aidé à retrouver l'espoir et l'optimisme, et comment pourrait-tu aider quelqu'un d'autre à ressentir la même chose ?

UN PETIT SOUTIEN

Si cet ouvrage a eu un impact positif sur vous et vos enfants, et que vous souhaitez partager votre expérience, votre avis sera précieux pour moi et pour d'autres lecteurs.

Vous pouvez le faire en flashant simplement le QR code ci-après. Vos commentaires aideront non seulement d'autres lecteurs à découvrir ce livre, mais ils me permettront également d'améliorer constamment mon travail.

Un grand merci à vous !

Chantal

Printed in France by Amazon
Brétigny-sur-Orge, FR